KEIME, SPROSSEN, GRÜNKRAUT

BAUSTEINE ZUR VOLLWERTERNÄHRUNG

© Copyright by Schnitzer Verlag,
D-7742 St. Georgen im Schwarzwald
1. Auflage 1989
ISBN 3-922 894-58-5
Alle Rechte vorbehalten.
Gesamtherstellung: Reiff Druck, 7600 Offenburg

Fotos Seite 33, 35, 36, 39, 55, 63, 65, 67, 68, 75,
76, 79, 80, 85 Foto -Hugel, Villingen

Keime, Sprossen, Grünkraut

Inhaltsverzeichnis

Deine Nahrungsmittel

können Deine Heilmittel,

und Deine Heilmittel sollten

Deine Nahrungsmittel sein!

(Hufeland)

Einleitung

Sowohl das Keimen als auch die Sprossenzucht sind eine uralte Tradition. Schon vor ungefähr 5000 Jahren wußten die Chinesen den gesundheitlichen Wert der Sprossen zu schätzen. Sie galten schon damals als Heilpflanzen. Erst sehr viel später erkannte man den Nutzen der Keime auch in unserer westlichen Welt. Vor allem die Seefahrer wußten sehr bald die überragende Bedeutung der vitaminreichen Sprossen zu schätzen, konnten sie doch damit die so gefürchtete Skorbutkrankheit verhindern.

In der heutigen Zeit ist mit dem gestiegenen Ernährungsbewußtsein auch das Interesse an Gekeimtem wach geworden. Man hat erkannt, daß frische Keimlinge eine vitalstoffreiche Abwechslung zum saisonabhängigen Gemüseangebot darstellen. Zu jeder gewünschten Zeit kann man sie selbst ziehen.
Wir möchten Sie mit diesem Buch über die Wirkungsweise der Sprossen und des Grünkrauts auf unseren Körper und sein Wohlbefinden informieren und Ihnen viele Anregungen geben.

Ihr Schnitzer Verlag

Das Samenkorn –
Ein kleines Wunder

Den Aufbau eines Samenkornes wollen wir anhand der auf der Welt am weitesten vertretenen Getreideart, dem Weizen, veranschaulichen.

Aufbau des Getreidekornes

- Keimling
- Aleuronschicht
- Samenhaut
- Fruchtschale mit Schlauch- und Querzellen
- Oberhaut mit Längszellen
- Mehlkörper

Im Aufbau des Getreidekornes finden wir die Schale, auch Randschichten genannt, die ziemlich kompliziert aufgebaut sind, den Mehlkörper, auch Nährgewebe genannt, und natürlich den Keim.

Der Keim ist der wichtigste und qualitativ gehaltvollste Teil des Korns. Nur er enthält die Anlage der zukünftigen Pflanze. Wir können das vom Bauer geerntete Getreidekorn oder die Hülsenfrucht als ein lebendes Nahrungsmittel bezeichnen! Durch Trocknung am Getreidehalm und spätere Lagerung wird im Idealfall im Korn ein Wassergehalt von etwa 13–14 % erreicht. Die Natur bedient sich hier der Trocknung als Konservierungsmaßnahme, um den Stoffwechsel im Korn auf „Sparflamme" zu halten. Mit dem getrockneten Getreidekorn liefert uns die Natur eine lebendige „Konserve" und zugleich einen Kompaktspeicher an Energie!

MCCANN: „Alle wissenschaftlichen Bibliotheken der Welt können nicht um die Wunder herum kommen, die in einen Tropfen Milch oder ein Getreidekorn hineingelegt sind."

Während der Lagerung schlummert der Samen in einer Art Tiefschlaf, bei dem er langsam seine Kohlenhydrate veratmet. Dazu braucht der Samen Sauerstoff. Wasser und Kohlensäure scheidet er aus. Außerdem wird Wärme frei. Werden Samenkörner falsch gelagert, z. B. längere Zeit in geschlossenen Behältern wie einem Schraubglas oder gar Plastiktüte, so bleibt dem Samen sehr bald „die Luft weg". Er erstickt mehr oder weniger.

Der Pflanzen-Embryo
erwacht zum Leben –
die Keimung beginnt

Im Samenkeim sehen wir einen kleinen Pflanzen-Embryo. Denn die Hauptorgane für die zukünftige Pflanze – Wurzel, Stengel und Blatt – sind bereits angelegt. Zum Keimen sind Wasser für den Quellvorgang, Sauerstoff zur Atmung, Licht und eine günstige Temperatur notwendig.

Sind diese idealen Bedingungen vorhanden, saugt sich der Samen voll Wasser. In den ersten Keimtagen steigt der Wassergehalt im keimenden Samen von ca. 10 % auf 70–80 % an. Die Zellen quellen auf, die Organe erwachen.

Die Aufnahme von Wasser in den Samen bewirkt eine Aktivierung der Stoffwechselvorgänge. Nun wird die bis dahin sauerstoffundurchlässige Samenschale atmungsaktiv. Im Embryo werden durch den Quellvorgang sogenannte Phytohormone (Pflanzenhormone) aufgebaut, die wiederum den Aufbau spezifisch wirksamer Enzyme bewirken. Die im Samen gespeicherten Reservestoffe werden nun langsam verzehrt. Je nach Samenart bestehen diese Reservestoffe mehr aus Kohlenhydrate oder mehr aus Fett.

Zusammensetzung der Reservestoffe verschiedener Samenarten (nach MEIER-PLOEGER, 1988)

Same	% Frischsubstanz luftgetrockneter Samen		
	Kohlenhydrate	Eiweiß	Fett
Weizen	60–75	10	5
Erbsen	34–46	20	2
Sojabohnen	14	37	17
Sonnen-blumenkerne	2	25	45–50

Durch Zellteilung bildet sich nun also auf Kosten der Reservestoffe aus dem Keim der Keimling. Wir unterscheiden somit zwischen dem Keim, der in konzentrierter Form alles enthält, was der Keimling zunächst braucht, und dem neuen heranwachsenden Sproß, dem Keimling. Sobald sich die ersten Würzelchen bilden, nimmt der Keimling die in der Erde oder dem Wasser gelösten Mineralien auf. Allmählich bildet sich in den Keimblättern das erste Blattgrün. Nun erst ist die junge Pflanze, die Keimling oder Sprosse genannt wird, in der Lage, das dem Samenkorn fehlende Vitamin C zu bilden. Die kleine Sprosse führt nun ihr eigenes Dasein.

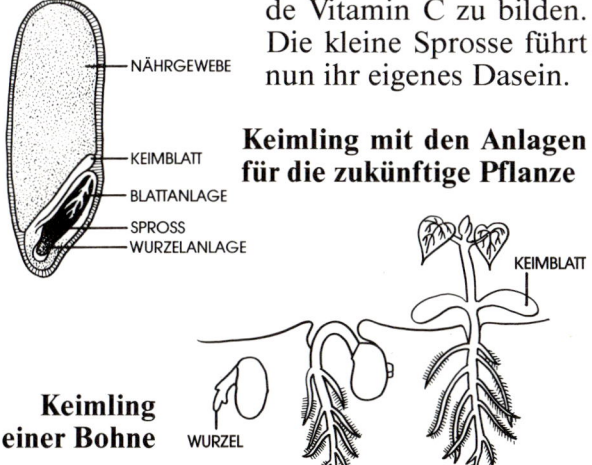

Keimling mit den Anlagen für die zukünftige Pflanze

NÄHRGEWEBE

KEIMBLATT

BLATTANLAGE

SPROSS
WURZELANLAGE

KEIMBLATT

Keimling einer Bohne   WURZEL

Der Stellenwert der Sprossen in der Vollwertkost

KOLLATH, der Begründer der modernen Vollwerternährung, hat bereits vor 30–40 Jahren die Nahrung gemäß der Naturbelassenheit bzw. dem Verarbeitungsgrad in 6 Wertstufen eingeteilt:

1. Natürliche Lebensmittel
2. Mechanisch veränderte Lebensmittel
3. Enzymatisch veränderte und andere nach traditionellen Methoden konservierte Lebensmittel
4. Erhitzte Nahrung
5. Konservierte Nahrung
6. Präparate

Aus der Tabelle „Ordnung der Nahrung" wird deutlich, welch große Bedeutung das gekeimte Getreide und die Sprossen innerhalb der Vollwertkost einnehmen. Vor allem die roh belassenen Sprossen werden der Forderung KOLLATHS „Laß die Nahrung so natürlich wie möglich" gerecht. Er stuft sie zu den fermentativ aufgeschlossenen Lebensmitteln ein. Die enzymatische Aufschließung, d. h. die Keimung, verändert beim Samen sowohl die Konsistenz als auch den Geschmack und macht ihn für den Menschen ohne mechanische Veränderung, d. h. ohne Zerkleinerung, ohne Vermahlung, genußfähig.

Dies hat den Vorteil, daß die Inhaltsstoffe der Samen zwar für uns aufbereitet sind, sich aber noch im Schutz der natürlichen Samenhülle befinden. Vitalstoffverluste durch Luftsauerstoff und Oxidationsprozesse, wie z. B. beim gemahlenen oder geschroteten Getreide, lassen sich vermeiden.

Über eines sollten wir uns jedoch klarwerden. Sobald wir hingehen und unsere knackig frischen Keime und Sprossen mit Wärme behandeln, setzen wir ihren Wert drastisch herab. Dennoch sind auch diese erhitzten Sprossen ein empfehlenswerter Bestandteil in der Vollwertkost.

Der gesundheitliche Wert von Keimen und Sprossen

Jedes Samenkorn enthält alle Nähr- und Aufbaustoffe, die eine Pflanze für ihre Entwicklung benötigt. Sobald dieses Samenkorn nun angefeuchtet wird, setzt mit der Quellung ein intensives Stoffwechselgeschehen ein. Es kommt zu Um- und Abbauprozessen. So wird die Stärke des Samens in Maltose-Dextrin, Eiweiß in Aminosäuren und Fett in fettlösliche Stoffe umgebaut.

Der Gehalt an Eiweißen, Vitaminen und Enzymen steigt an. Untersuchungen zeigen, daß sich durch die Keimung eine Steigerung von Vitamin B_2 um 65% ergibt. Der Gehalt an Vitamin E kann in Getreidekörnern bis um 116% ansteigen.

Vitamingehalt in mg/100g Frischsubstanz (nach BOESE und ROHDE, 1985)

	Vitamin C	Vitamin B_1	Vitamin B_2	Vitamin B_3	Vitamin E
Alfalfa	15	0,10	0,17	1,6	–
Mungobohnen-keimlinge	12	0,19	0,13	0,9	0,6
Linsen-keime	22	0,21	0,09	1,1	–
Kopfsalat	10	0,06	0,08	0,4	0,4
Tomaten	24	0,06	0,04	0,6	–
Chinakohl	36	0,03	0,04	0,4	–

Angekeimte Hülsenfrüchte sind, wie uns die Tabelle zeigt, im Vergleich zu anderen Gemüsen ausgesprochene Vitamin-B-Träger. Wie bereits bekannt ist, steigt auch der Gehalt an Vitamin B_{12}, welches sonst in erster Linie in tierischen Produkten enthalten ist, bei der Keimung von Hülsenfrüchten stark an. Nach VIKTORAS KULVINSKAS reicht pro Tag eine Sprossenmahlzeit, um unseren Bedarf an Vitamin B_{12} zu decken.

Tabelle nach VIKTORAS KULVINSKAS; Vitamin-B_{12}-Gehalt in mg/g

	Zeitdauer des Ankeimens		
	0. Tag	2. Tag	4. Tag
Mungobohnen	0,61	0,81	1,53
Linsen	0,43	0,81	1,53
Kichererbsen	0,35	1,09	1,22

Ebenso wie Vitamine reichern sich beim Wachstum der Keime und Sprossen auch Mineralien an, so zum Beispiel Calcium, Magnesium, Eisen sowie wertvolle Spurenelemente. Hervorzuheben ist auch der hohe Ballaststoffgehalt der Samenschalen, welche somit für eine geregelte Verdauung sorgen. Aber die Ballaststoffe aus gekeimtem Getreide können noch mehr: Sie helfen mit, Hämorrhoiden und manche Darmkrankheiten, die auf Verstopfung als Ursache zurückgehen, zu vermeiden. Auch haben sie einen sehr günstigen Einfluß auf zu hohe Blutfett- und Blutcholesterinwerte sowie zu hohe Blutzuckerwerte.

Ordnung der Nahrung

Prof. Kollath: „Laßt unsere Nahrung so natürlich wie möglich!"

EMPFOHLEN		
Naturbelassene Lebensmittel	Getreide Ölsaaten Oliven Nüsse Gemüse	Frisch-Kräuter Obst Honig Milch
Mechanisch veränderte Lebensmittel	Ungehärtete, nicht umgeesterte Pflanzenfette Kaltgepreßte Öle Frisches Vollkornmehl und -schrote	Salate Landbutter Sahne (unpasteurisierte)
Enzymatisch veränderte und andere nach traditionellen Methoden konservierte Lebensmittel	(Milchsäuregärung, Marinieren, Trocknen, Einweichen) **Gekeimtes Getreide** Algen Müsle Sauermilch Sauer Eingelegtes Rohmilchkäse **Sprossen** Fleisch (durch Trocknen Trockenkräuter oder Marinieren)	
Durch Erhitzen zubereitete Nahrung	Vollkornbrote und Gebäcke Nudeln Gekochtes Getreide Kartoffeln Pilze **Erhitzte, blanchierte Sprossen und Keimlinge**	Gemüse, Obst (besser roh!) Erhitzte pasteurisierte Milch und Milchprodukte Butterschmalz Eier, Fleisch, Fisch
MEIDEN		
Konservierte Nahrungsmittel	Dauerbackwaren aus Vollkornmehl Gemüse- und Obstkonserven Marmeladen	Kondensmilch H-Milch Tierkonserven Wurstwaren
Isolierte Nahrungsmittel (Präparate)	Fabrikfette (raffinierte Öle, die meisten Margarinen) Eiweißpräparate (Diät- und Sportnahrung!)	Fabrikzucker und damit bereitete Nahrungsmittel Alle Produkte mit Auszugsmehl (Stärke, Grieß, Schwarz-, Graubrot) Viele Säuglingsnahrungs- produkte

Warum sollten wir Sprossen und Keime vorwiegend roh verzehren?

Eine Hitzebehandlung setzt den gesundheitlichen Wert unserer Sprossen entscheidend herab. Wenn Sie Sprossen als Zutat in gekochten, gebackenen, gedünsteten oder gebratenen Gerichten verwenden, gehen wertvolle Vitalstoffe verloren.

Hitze denaturiert Eiweiß schon ab Temperaturen von 41°C. Bei sehr hohen Temperaturen kann es sogar zu Verlusten essentieller Aminosäuren kommen. Auch die durch die Keimung zahlreich entstandenen essentiellen Fettsäuren leiden. Es kommt zu Verlusten an hitzeempfindlichen Vitaminen, hier insbesondere bei Vitamin C und E. Durch die teilweise Vernichtung der Aroma- und Duftstoffe ändert sich auch der Geschmack der Sprossen. Die Wirksamkeit der Ballaststoffe wird herabgesetzt. Hitze zerstört auch die wertvollen sauerstoffübertragenden Enzyme.

Wir sollten daher wenn möglich den Hauptteil unserer Sprossen roh verzehren, um so die Erhitzungsverluste durch den Rohkostanteil wieder auszugleichen. Achten Sie in den Kochrezepten auch nach Möglichkeit darauf, die Sprossen nicht von Anfang an mitzuerhitzen, sondern z. B. in Suppen die Sprossen erst nach Beendigung der Kochzeit hinzuzufügen und nur kurz ziehen zu lassen.

Denken wir immer daran, daß nur lebendige Nahrung die Säule unseres Lebens ist! Halten wir uns an die Richtlinien der Vollwertkost, die besagen, daß 60 % der Kost aus unerhitzter Nahrung (= Frischkost) und nur 40 % aus erhitzter Nahrung bestehen sollte. Wenn wir dies beherzigen, so können wir getrost einen Teil der Sprossen in gekochten Leckereien verwenden, ohne gleich ein schlechtes Gewissen zu bekommen.

Optimale Zusammensetzung der Vollwertkost

60 % = Frischkost

---

30 % ⅓ Obst
⅓ Gemüse, das über der Erde wächst
⅓ Gemüse, das unter der Erde wächst (= Blatt- und Wurzelgemüse)

30 % Frischkorn
Getreidekeimlinge, Sprossen, Grünkraut
Nüsse, Kerne (z. B. Kürbiskerne, Sonnenblumenkerne),

rohe Milch (nicht pasteurisiert),

Sauerkraut, Gurken
Rote Rüben (also Gemüse – milchsauer – vergoren)

---

nur 40 % erhitzte Nahrung

Bei einigen Sprossen kann die Hitzebehandlung jedoch von Nutzen sein. Wir denken hier vor allem an die Hülsenfrüchte oder Leguminosen, die unerwünschte Substanzen enthalten können.

Der Hauptanteil dieser Stoffe macht der sogenannte Trypsin-Inhibitor aus. Dieser hemmt die Aktivität der aus der Bauchspeicheldrüse stammenden Verdauungsenzyme, die für die Eiweißverdauung notwendig sind.

Durch das Ankeimen verschwindet bereits ein großer Teil der unerwünschten Begleitstoffe. So zeigt sich beim Keimen der Mungobohne in den ersten 2 Tagen zunächst ein Anstieg des Trypsin-Inhibitors, dann fällt er ab. Ähnlich ist es bei anderen Leguminosen.

Eine Ausnahme sind hier die Kichererbsen. Hier steigen die Werte des Trypsin-Inhibitors während des Keimens sogar an. Wir halten es daher für ratsam, bei regelmäßigem Genuß die gekeimten Kichererbsen vor dem Verzehr kurz zu blanchieren (d. h. 1–2 Minuten in kochendes Wasser zu tauchen). Der eintretende Verlust an Frische kann sehr leicht mit anderen Sprossenarten kompensiert werden. Werden Kichererbsen nur gelegentlich und in kleineren Mengen roh verzehrt, so spielt dies für den Erwachsenen keine Rolle. Bei häufigem (mehrmals pro Woche) oder beim Verzehr größerer Mengen gekeimter Kichererbsen sollten wir sie also vorsichtshalber blanchieren. Dies gilt besonders für die Ernährung von Kindern.

Die Vitalstoffe der Sprossen – Ihre Funktion im Organismus

Unter dem Begriff „VITALSTOFFE" werden alle die Substanzen zusammengefaßt, die „zum Leben notwendig sind und die Körperzellen lebensfähig und gesund erhalten" (Definition nach Prof. SCHWEIGART).

Die analytische Ernährungsforschung aber kennt noch längst nicht alle die Stoffe, die wir Menschen tatsächlich zum Leben benötigen. So wurden seit der Entdeckung der Vitamine vor ca. 80 Jahren ständig neue Stoffe aufgespürt. Man vermutet, daß es statt der bisher entdeckten 40 Vitamine weit über 100 Vitamine gibt. Selbst im Weizen, dem weltweit wichtigsten Getreide, sind noch 9 % aller Inhaltsstoffe unerforscht.

Auch die noch nicht erforschten Vitalstoffe sind lebensnotwendig, d. h. essentiell, und müssen mit der Nahrung zugeführt werden. Fehlen sie, werden wir krank. KOLLATH konnte bereits vor vielen Jahren im Tierexperiment zeigen, daß ein Fehlen der noch nicht identifizierten Vitalstoffe zur sogenannten Mesotrophie (Halbernährung oder Mangelernährung) führte, die in Leiden ähnlich unseren heutigen Zivilisationskrankheiten zu Tage tritt.

Hier erscheint es uns noch einmal dringend erforderlich, darauf hinzuweisen, daß wir unsere Sprossen so naturbelassen wie nur irgend möglich zu uns nehmen. Nur so erhalten wir wirklich alle Vitalstoffe, auch die noch nicht identifizierten.

Zu den am besten erforschten Vitalstoffen der Sprossen gehören die Vitamine, Mineralien, Spurenelemente und Ballaststoffe. Unsere Sprossen und Keimlinge enthalten auch solche wie z. B. Geschmacks-, Aroma- und Duftstoffe, die nicht nur zur Gaumenfreude beitragen und sie für uns bekömmlich machen, sondern auch unsere Verdauungsenzyme aktivieren und einen Einfluß auf Kohlenhydrat- und Fettstoffwechsel ausüben. Wissenschaftler sprechen hier von den sogenannten sekundären Pflanzenstoffen, die uns bisher vor allem bei unseren Heilkräutern begegneten, deren Heilwirkungen offensichtlich sind, deren Wirkstoffe aber noch nicht analysiert sind. Auch unsere Sprossen enthalten solche Substanzen wie Saponine, Phytohormone und Flavonoide, die entzündungshemmende, wundheilende und antikanzerogene Wirkungen ausüben können.

Keime – ein Reservoir von Vitaminen und Mineralien

I. Vitamine

Wir möchten hier die Vitamine zuerst besprechen, da sie am längsten bekannt sind, der Begriff sich am weitesten herumgesprochen hat und der Laie in der Hauptsache auch meist die richtige Vorstellung von ihnen hat.

Vitamingehalt von Sprossen und Gemüse nach MEIER-PLOEGER

	Menge (g)	Vit. C % TB	Vit. B$_1$ % TB	Vit. B$_2$ % TB	Niacin % TB
Alfalfa- sprossen	70	14	5 – 6	6 – 7	9
Chinakohl	70	34	1 – 2	2	2
Kopfsalat	70	9	3	3 – 4	2
Mungo- bohnen- sprossen	100	17	5 – 7	10 – 11	5
Radieschen	100	36	3	2 – 3	1
Linsen- sprossen	150	45	22 – 25	8 – 9	–
Tomaten	150	48	6 – 7	3 – 4	7

Die Angaben erfolgen als prozentualer Anteil des Tagesbedarfs eines Erwachsenen pro verzehrte Portion (% TB).

Die Tabelle zeigt uns, daß Sprossen anderen Gemüsesorten für die Vitamine C, B$_1$, B$_2$ und Niacin weit überlegen sind.

Vitamin A:

Das Provitamin A, Carotin, finden wir u. a. in Körnern und Keimen. Es ist für die Funktion des Sehens, der Haut und im Stoffwechsel wichtig. Ist die Aufnahme unzureichend, so kann dies zur Nachtblindheit führen.

Vitamin B$_1$:

Thiamin ist in unseren Getreidekeimlingen reichlich enthalten. Weizen, Roggen, Hafer und Gerste enthalten es insbesondere in ihren äußeren Randschichten. Auch in Linsensprossen kommt es reichlich vor. Vitamin B$_1$ hat wichtige Funktionen im Kohlenhydratstoffwechsel und im Stoffwechsel unseres Zentralnervensystems. Ein Mangel bewirkt die Erkrankungen Beri-Beri (diese Krankheit kommt vor allem in Ländern vor, in denen geschälter Reis die Hauptnahrung ist) und äußert sich zunächst in körperlicher Schwäche, allgemeinen Schmerzen, Nervenentzündungen, Appetitlosigkeit sowie Stoffwechselerkrankungen.

Vitamin B$_2$:

Riboflavin kommt in allen Getreidekeimlingen und in den Sprossen der gelben Sojabohne vor. Es hält uns leistungsfähig und fit, denn es hat eine wichtige Funktion innerhalb der Atmungskette unseres Stoffwechsels. Bei Mangel kommt es zu Müdigkeit und Leistungsverminderung. Schwere Formen eines Vitamin-B$_2$-Mangels sind Veränderungen der Zungenschleimhaut, der Mundwinkel und der Fingernägel.

Niacin:

Dieses Vitamin kommt in Getreidekeimlingen, Mungobohnensprossen, Alfalfasprossen und Nüssen vor. Es ist ein wichtiger Bestandteil der Enzyme des Fett-, Kohlenhydrat- und Eiweißstoffwechsels. Ein Mangel kann zu Durchfällen und Erbrechen führen.

Vitamin B12:

Cobalamin wird benötigt zum Wachstum und zur Bildung von roten Blutkörperchen. Ein Mangel führt zu Anämie und Nervenerkrankungen. Im Buch „Leben und Überleben – Kursbuch des 21. Jahrhundert" weist Victoras Kulvinskas auf den hohen Vitamin-B12-Gehalt von Keimlingen hin. Diese Erkenntnis ist besonders für den extremen Vegetarier wichtig, da ansonsten ausschließlich tierische Lebensmittel oder fermentierte Nahrungsmittel wie z. B. Sauerkraut Vitamin-B-12-Lieferanten sind.

Während der Keimung steigt der Gehalt an Vitamin B12 vor allem bei Hülsenfrüchten wie Kichererbsen und Linsen stark an. Bei extremen Vegetariern sollten gerade diese Sprossen öfters auf den Tisch!

Vitamin B6:

Pyridoxin kommt vor allem in unseren Getreiden vor. Es wird benötigt zur Umwandlung von Eiweiß und zur Aufnahme von Eisen. Der Vitamin-B6-Gehalt steigt durch den Keimprozeß im Samen nicht wesentlich an.

Vitamin H:

Biotin kommt in Sprossen vor. Während der Keimung steigt der Biotingehalt an. Biotin hat eine wichtige Schlüsselfunktion beim Aufbau von Fettsäuren, Aminosäuren und Purinen.

Vitamin C:

Ascorbinsäure ist an zahlreichen Stoffwechselvorgängen des Organismus beteiligt. Bei Mangel kommt es u. a. zu einer verminderten Eisenaufnahme, infolgedessen zu Zahnfleischbluten, Anämien, Haut- und Schleimhautentzündungen. Vitamin C kommt in allen grünen Sprossen, aber insbesondere in Luzernensprossen vor. Der amerikanische Ernährungswissenschaftler Dr. Clive McKay konnte vor allem beim Hafer eine enorme Steigerung des Vitamin C feststellen, um etwa 600 %. Diese Zahl muß man jedoch im Verhältnis sehen, denn der ungekeimte Samen enthält nur kleinste Spuren.

Eine übermäßige Vitamin-C-Aufnahme schützt zwar nicht nachweisbar vor Erkältungskrankheiten und Krebs. Es ist jedoch bekannt, daß Rauchen, maligne Tumore, Streßsituationen sowie Stillen und Schwangerschaft den Bedarf erhöhen. Hier sollten Sprossen und Grünkraut im täglichen Speiseplan nicht fehlen.

Vitamin E:

Tocopherole stabilisieren im Körper vor allem Vitamin A und ungesättigte Fettsäuren. Vitamin E beugt Arteriosklerose vor und verhindert ein vorzeitiges Altern. Es findet sich reichlich in den Getreidekeimlingen sowie in Nüssen und gekeimten Hülsenfrüchten.

II. Mineralien und Spurenelemente

Ein Mangel an Mineralien und Spurenelementen kann unsere Gesundheit ganz entscheidend beeinflussen. Obwohl wir in einer Zeit des Überflusses leben, leiden viele unserer Zeitgenossen an einem Mineralstoffmangel, meist ohne sich dessen bewußt zu sein.

Die Hauptgründe für diese Misere sehen wir in den durch intensive Landwirtschaft ausgelaugten Böden, in den denaturierten Lebensmitteln und einer einseitigen Ernährung. Aber auch ein Dauergebrauch von Medikamenten kann dazu führen, daß wichtige Mineralstoffe verdrängt oder ausgeschwemmt werden. Das ist zum Beispiel bei Abführmitteln, Entwässerungsmitteln oder manchen Blutdrucksenkern der Fall.

Aber auch ein Überangebot an einem Mineral kann zu einem Mangel an einem anderen führen. Dazu ein Beispiel, das in der heutigen Zivilisationskost durch ein Überangebot von Kochsalz sehr häufig vorkommt: Nimmt man zu viel Natrium zu sich, wird die Wirkung des Kaliums vermindert, selbst wenn Kalium ausreichend vorhanden wäre. Dieser Kaliummangel kann dann z. B. Ödeme, Muskelschwäche und schlaffe Darmmuskulatur hervorrufen.

Über die Veränderung des Mineralstoffgehaltes während der Keimung finden sich in der bisherigen Literatur recht unterschiedliche Aussagen. Dies ist verständlich, denn Mineralstoffgehalt der Sprossen und Keime hängt ab von Keimdauer, Keimbedingungen wie Licht und Wärme und der Qualität des Gießwassers.

Mineralstoffgehalt von Sprossen und Gemüse nach MEIER-PLOEGER (% TB = in Prozent des Tagesbedarfs eines Erwachsenen)

	Menge (g)	Kalium % TB	Calcium % TB	Magnesium % TB	Eisen % TB
Alfalfa-sprossen	70	1	3	10 –12	11–16
Chinakohl	70	4	3	2	2 – 3
Kopfsalat	70	4	2	2	3 – 4
Mungo-bohnen-sprossen	100	7	2	6 – 7	6 – 9
Radieschen	100	7	4	3–4	7–10
Linsen-sprossen	150	–	2	–	25 – 37
Tomaten	150	1	2	8 –10	4 – 6

Die Tabelle zeigt uns, daß Sprossen im Vergleich zu anderen Gemüsesorten beträchtliche Mengen an Kalium, Calcium, Magnesium und Eisen enthalten.

19

Mineral/ Spurenelement	Vorkommen	Funktion	Mangelsymptom
Eisen (Fe)	in allen Sprossen nimmt der Gehalt während der Keimung ab (Ausnahme: Mungobohne). Dennoch besonders viel Fe in Linsen, Adzukibohne, Bockshornklee und Sonnenblumenkernen	wichtiger Bestandteil des roten Blutfarbstoffes, hat wichtige Funktion in der Atmungskette	Anämie, Mattigkeit, Kopfschmerzen, Herz-Kreislaufbeschwerden
Fluor (F)	Getreidekeimlingen und grünen Sprossen	Bestandteil von Knochen und Zähnen	Karies?
Calcium (Ca)	in allen Keimen, insbesondere Sesamsprossen und Nüssen	Aufbau von Knochen u. Zähnen, Bestandteil d. Blutes, wichtig für Herz, Muskeln und Nerven	Rachitis
Jod (J)	Gerste, Leinsamen, Roggen, Sonnenblumenkernen, Weizen	Bestandteil d. Schilddrüsenhormone	Kropfbildung, Wachstumsstörungen
Kalium (K)	in allen Sprossen der Hülsenfrüchte, vor allem Mungobohne, Getreidekeimlinge u. Nüsse	regelt den osmotischen Druck des Zellsaftes, an Reizübertragung u. Energiestoffwechsel im Muskel beteiligt	Übelkeit, gestörtes Allgemeinbefinden, gestörte Herzfunktion, Kribbeln in Händen u. Füßen
Kupfer (Cu)	in den Sprossen der Hülsenfrüchte, Getreidekeimlingen, insbesondere Sonnenblumensprossen	wichtig für die Bildung von Hämoglobin	hyperchrome Anämie
Magnesium (Mg)	Getreide, Hülsenfrüchte und allen weiteren Sprossen	aktiviert Enzyme im Kohlenhydrat- u. Eiweißstoffwechsel	Muskelkrämpfe, Mattigkeit
Mangan (Mn)	Getreide, Hülsenfrüchte, Nüsse	an Aufbau wichtiger Enzyme beteiligt	Wachstumsstörungen im Tierversuch
Natrium (Na)	in allen Sprossen und Keimen	reguliert den osmotischen Druck im Extrazellulärraum, wichtig für Wasserhaushalt	Übelkeit, Absinken des Blutdrucks, Muskelkrämpfe
Phosphat (P)	in allen Sprossen und Keimen	Enzymbaustein für Knochenaufbau	selten
Zink (Zn)	Getreidekeimlinge, Kürbiskerne	wichtig in Kohlenhydrat- u. Eiweißstoffwechsel, an Insulinaufbau beteiligt	Wachstumsstörungen im Tierversuch

III. Weitere wichtige Vitalstoffe in Sprossen

Ballaststoffe

In der vorhandenen Literatur sind Ballaststoffangaben der Keime und Sprossen sehr rar. Wir können dennoch davon ausgehen, daß der Ballaststoffgehalt besonders bei den Getreidekeimlingen und den Sprossen der Hülsenfrüchte recht hoch ist. THOMAS hat vor allem die Wirkung der Getreideballaststoffe untersucht.

Auswirkung der Ballaststoffe der Getreidekeimlinge auf die Verdauung

im Mund	erhöhen hier den Kauaufwand, Kaudauer, Speichelfluß
im Magen	verlängern hier Verweilzeit und erhöhen die Pufferkapazität
im Zwölffingerdarm	verstärken die Sekretion, erhöhen Gallenfluß
im Dünndarm	verstärken die Bewegung und die Sekretion, verzögern die Aufnahme von Nährstoffen
im Dickdarm	vergrößern die Darmflora, verkürzen die Passagezeit des Nahrungsbreies, verhindern Stuhlverstopfung, vermindern Schadstoffrisiken
im Mastdarm	vergrößern das Stuhlvolumen

Enzyme

Alle Organismen unserer Welt sind imstande, mit Hilfe von Enzymen aus zugeführten Nähr- und Vitalstoffen zell- und arteigene Substanzen aufzubauen. So auch die Samenkörner.

Enzyme, oder auch Fermente genannt, sind Eiweißstoffe und können nur von lebenden Zellen gebildet werden. Sie kennzeichnen somit das „Lebendige", und zusammen mit Vitaminen und Hormonen werden sie auch als Biokatalysatoren bezeichnet. Enzyme leiten Reaktionen ein, ohne sich dabei selbst zu verändern.

Mit dem Einsetzen der Keimung werden auch die im Samen lagernden Enzyme aktiv. Sie sind verantwortlich für den Um- und Abbau der Reservestoffe im Samen. Während der Keimung werden aktiv:

Lipasen – fettspaltende Enzyme
Amylasen – wirken auf die Stärke
Phytase – baut Phytin ab

Phytin kommt in vielen pflanzlichen Samen, beim Getreide vor allem in den Randschichten und im Keim vor. Phytin bzw. Phytinsäure ist in der Lage, Mineralien an sich zu binden und so die Ausnutzung für den Menschen zu verschlechtern. Die korneigene Phytase wird während des Ankeimens aktiviert, baut Phytin ab und macht dadurch die im Getreidekorn vorkommenden Mineralien für uns besser verfügbar.

Geschmacks- und Aromastoffe

Die Aromastoffe finden sich meist im Samen konzentriert und entfalten sich beim Keimen in den jungen Sprossen. Ihre Bedeutung für das menschliche Wohlbefinden ist noch wenig erforscht. Soviel wissen wir, daß der

In nebenstehender Tabelle wollen wir auf die Bedeutung der Mineralien und Spurenelemente eingehen, die in Sprossen zu finden sind

charakteristische Geschmack jeder Sprosse von ihren Aromastoffen abhängt. Je nach ihrer Zusammensetzung wirken sie mehr oder weniger stark auf unsere Geruchs- und Geschmackssinne. Sie regen dadurch unseren Appetit an und erfüllen eine wichtige Aufgabe bei der Verdauungsarbeit, in dem sie die vom Körper bereitzustellenden Enzyme im Speichel oder aus der Magenwand, der Bauchspeicheldrüse usw. anregen und locken.

Diese Funktion erfüllen die geschmacksintensiven Sprossen von Senf, Rettich und Kresse mit ihren Senfölen und Bitterstoffen besonders gut. Auch dem Bockshornklee kommt hier durch seinen Gehalt an Saponinen eine besondere Bedeutung zu. Saponine sind Pflanzenstoffe, die die Eigenschaft haben, wie Seife im Wasser zu schäumen. Größere Mengen sind giftig. Bei Verabreichung kleinerer Dosen wie im Bockshornklee reizen sie die Schleimhäute des Verdauungstraktes und wirken harntreibend und leicht abführend.

Pflanzenhormone

Sie befinden sich in fast allen Sprossen und üben in den jungen Trieben die Funktion von Wuchsstoffen aus. Im menschlichen Körper wirken sie ähnlich wie tierische Hormone als Biokatalysatoren, d. h. sie beteiligen sich an der Auslösung und Steuerung der lebensnotwendigen chemischen Reaktionen.

Phytonzide – natürliche Antibiotika

Hier handelt es sich um chemisch uneinheitliche und noch wenig erforschte Inhaltsstoffe, die vor allem in Rettich- und Senfsprossen zu finden sind. Schon in sehr geringen Mengen üben diese Stoffe eine hemmende Wirkung auf das Wachstum krankheitserregender Mikroorganismen wie z. B. Bakterien und Schimmel aus. Diese Wirkung können wir uns beim Keimen im Keimgerät zu Nutzen machen. Gibt man beispielsweise einige Rettichsamen beim Keimen zu anderen Sämereien hinzu, so säubern diese das Milieu von unliebsamen Bakterien und Mikroorganismen.

Pflanzenfarbstoffe

Sie bewirken nicht nur die Färbung der Sprossen, sondern haben auch medizinisch sehr unterschiedliche Wirkung. Der wichtigste Pflanzenfarbstoff, das Chlorophyll, bildet sich bei den Keimen und Sprossen erst nach 3–4 Tagen mit der Entwicklung der ersten grünen Blättchen oder Stengel. Besonders reich an Pflanzenfarbstoffen ist unser Grünkraut. Mehr über die Bedeutung des Chlorophyll im Kapitel „Grünkraut".

Ätherische Öle

Sie finden sich in allen Sprossen mit Ausnahme der Getreidekeimlinge und der gekeimten Hülsenfrüchte. Es sind meist wohlriechende flüssige Stoffe, die sich oft schon bei Zimmertemperatur verflüchtigen. Sie kennen den Geruch, der sich beim Keimen von Bockshornklee oder Kresse in der ganzen Küche ausbreitet. Ein tolles Geruchserlebnis!

Einige ätherische Öle wirken anregend auf unser Nervensystem, andere wiederum fördern die Absonderung von Magensaft, wirken appetitanregend, desinfizierend, wind- oder harntreibend. Sie tragen damit wesentlich zur Bekömmlichkeit der Sprossen bei.

Schleimstoffe

Von großer diätetischer Bedeutung sind die Schleimstoffe des Hafers und des Bockshornklees. Schleime schützen entzündete Stellen der Schleimhaut vor mechanischen Reizen.

Die Samen von Kresse und Leinsamen sondern ihren Schleim bereits während des Keimprozesses ab.

Ist es nicht erstaunlich, was alles in unseren Sprossen und Keimen drinsteckt?

Die Bedeutung von Wasser und Licht in der Sprossenzucht

Ohne Wasser wäre kein Leben auf unserer Erde möglich. Ohne Wasser gäbe es keine Keime und Sprossen. Wie wichtig das kühle Naß für uns ist, geht allein daraus hervor, daß Mensch und Tier bis zu 60 % aus Wasser bestehen. Pflanzen sogar bis zu 99 %.

Analysiert man eine Sprosse, dann ist es auch hier das Wasser, welches den größten Anteil in den Bestandteilen einnimmt. Wir erkennen hier also die große Bedeutung des Wassers für die Sprossenzucht!

Gutes, frisches Quellwasser sollte des Menschen höchstes Gut sein. Es ist unser wichtigstes Lebensmittel, welches uns leider nur begrenzt verfügbar ist. Nur 0,3 % des globalen Wassers sind uns als Süßwasser zugänglich. Die heutige Wasserverschwendung und Verschmutzung macht eine immer aufwendigere Wasseraufbereitung notwendig. KOLLATH bezeichnet ein solches aufbereitetes Leitungswasser, wie es bei vielen von uns aus dem Wasserhahn kommt, als „mehr oder weniger gutes Fabrikat", welches ausschließlich unseren hygienischen Anforderungen entspricht. Nicht zuletzt auch die Diskussion um Bleirohre, die als Wasserleitungen in vielen Altbauten verwendet werden, bringen viele von uns dazu, unser Leitungswasser noch einmal zu filtern.

Hierzu gibt es eine Reihe von Wasserfiltern, die auf der Basis von Aktivkohle arbeiten. Sie erfüllen aber leider nur teilweise, was sie uns versprechen. Was das Blei aus alten Leitungen angeht, so behalten die Filter zwar gelöstes Blei zurück, das partikuläre Blei in Form von kleinsten Korrosionsteilchen findet man jedoch in gefiltertem Wasser wieder. Auch der Nitratgehalt wird kaum verringert.

Jede Sprosse kann nur so gut, so wertvoll sein, wie das Wasser, welches sie in sich aufsaugt. Deswegen sollten wir dem Wasser eine besondere Bedeutung beimessen. Bei schlechter Trinkwasserqualität empfehlen wir daher ein stilles Wasser, das auf seinen Nitratgehalt hin überprüft sein sollte. Gießen Sie das Wasser, das die Sprossen nicht aufsaugen, nicht einfach weg, sondern verwenden Sie es zum Blumengießen. Das Wasser enthält wertvolle Nährstoffe für unsere Grünpflanzen!

Dem Licht kommt in der Sprossenzucht ebenfalls eine sehr wichtige Bedeutung zu. Zwar kann der Samen ohne Licht keimen, aber ohne Licht könnte die Sprosse kein Chlorophyll bilden. Auch die Bildung einiger Vitamine ist ans Licht gebunden.

Unsere Sprossen sind wie alle Pflanzen in der Lage, durch die Photosynthese Lichtenergie (= Sonnenstrahlen) in chemische Energie umzuwandeln und diese zu speichern. Dabei sollten die Sprossen weder zu schattig noch in der prallen Sonne stehen. Indirektes Licht mögen sie am liebsten. In den Wintermonaten reicht das gegebene Tageslicht meist nicht aus. Gerade in der dunklen Jahreszeit können die Sprossen dann, ähnlich wie die Wintergemüse, z. B. Rote Bete oder Feldsalat, infolge der veränderten Photosynthese erheblich mehr Nitrat bilden als in den hellen Sommermonaten. Stellen Sie die Sprossen darum im Winter unbedingt in Fensternähe. Noch besser ist die Verwendung einer Wachstumslampe.

Sprossen in der Schlankheitskost

Frische Salate aus Sprossen, richtig zubereitet, nicht zu üppig mariniert, sind kalorienarm und kochsalzarm bis kochsalzfrei. Das schont unseren Kreislauf und entgiftet zugleich den Körper. Obwohl wir uns rundherum satt essen können, verlieren wir überschüssiges Gewebswasser, und beim Übergewichtigen purzeln langsam die Pfunde. Dabei sind die knackig frischen Salate uns nicht nur Nahrung, sondern auch Medizin und köstliche Gaumenfreude zugleich!

Mit einer gut zusammengestellten Frischkost aus Sprossen tanken wir Tag für Tag natürliche Vitamine, Mineralstoffe, Spurenelemente, natürliche Farb- und Aromastoffe, ätherische Öle, Wuchsstoffe und die lebenswichtigen Enzyme. Zudem liefern uns die gekeimten Körner und Sprossen reichlich Ballaststoffe. Sprossen erfordern ein sehr gründliches Kauen. Ein eiliges Herunterschlingen der Nahrung ist gar nicht möglich. Wir sind gezwungen, ganz bewußt und intensiv zu kauen, und jeder Bissen wird dabei optimal eingespeichelt. Kaufaulheit gehört bald der Vergangenheit an. Die Zahngesundheit wird gefördert. Die Appetitkontrolle, die bei denaturierter, totgekochter Kost häufig versagt und zwangsläufig zum Übergewicht führt, funktioniert wieder. Der nur scheinbar große Appetit

der Übergewichtigen wird häufig von einem Mangel an Vitalstoffen verursacht. Der Körper aber braucht Vitalstoffe für seine Stoffwechselvorgänge und signalisiert so lange „weiteressen", bis dieser Bedarf annähernd gedeckt ist. Bei einer vitalstoffarmen Kost kommen auf diese Art und Weise leicht überschüssige Kalorien zusammmen, die der Körper als Fett speichert.

Ein übermäßiger Appetit ist also oft ein Vitalstoffhunger, der sich am besten mit einer Portion Sprossen stillen läßt. Hier kann die Portion noch so groß sein, die Energiedichte (= Kalorien) ist gering. Durch das gründliche Kauen stellt sich die Sättigung rechtzeitig ein und hält durch den Ballaststoffanteil auch lange an. Ideal für alle diejenigen, die auf ihre Figur achten müssen!

Sprossenzucht unter ökologischen Aspekten betrachtet

Mit der Sprossenzucht hat jedermann die Möglichkeit, sich in kleinem Rahmen direkt mit der Nahrungsproduktion auseinanderzusetzen. Werden die Sprossen vor allem im Winter als Alternative zum teuren Treibhausgemüse gegessen, so sparen wir nicht nur Geld und tun unserer Gesundheit etwas Gutes, sondern wir dienen auch der Ökologie.

Denn verzichten wir im Winter auf Treibhausgemüse, so wird vor allem Energie gespart. So verbraucht die Erzeugung von einem Kopfsalat unter Glas allein einen Liter Heizöl. Auch die Dünger und Pestizide fallen weg.

Sprossen machen uns zugleich zum Erzeuger und Verbraucher! Es liegen keine langen

Transportwege dazwischen. Es fallen keine langen Lagerzeiten an. Dadurch haben wir täglich unser „Grünzeug" knackig frisch auf dem Tisch, ohne irgendwelche Lager- und Nährwertverluste in Kauf nehmen zu müssen. Außerdem sparen wir so das Verpackungsmaterial. Auch das schont die Umwelt.

Das Keimen ermöglicht uns, viele Sämereien, z. B. Hülsenfrüchte wie Linsen, roh zu verzehren, die ansonsten gekocht werden müßten. Das spart Energie und schont die Vitalstoffe.

Eine sinnvolle Kombination von gekeimten Hülsenfrüchten und Getreidekeimlingen beispielsweise bringt uns ein hochwertiges pflanzliches Eiweiß, so daß zumindest für alle, die noch keine überzeugten Vegetarier sind, das Fleisch reduziert oder gar ganz wegfallen kann. Dies hat nicht nur einen gesundheitlichen, sondern auch weltwirtschaftlichen Aspekt. Denn um Fleisch zu erzeugen, ist ein hoher Futtermitteleinsatz erforderlich. Futtermittel, die nicht selten aus Drittwelt-Ländern eingeführt werden. So ist bekannt, daß sieben Getreidekalorien benötigt werden, um eine Fleischkalorie zu erzeugen. Welch eine Verschwendung bei unserem hohen Fleischkonsum! Würden wir das für unser Schlachtvieh in den westlichen Ländern bestimmte Getreide und Soja als Keime und Sprossen für uns Menschen auf den Tisch bringen, könnten wir mit Sicherheit die Bevölkerung der ganzen Erde überreichlich ernähren!

Das Keimgerät

Die Anzucht von Sprossen und Keimen ist sehr einfach und muß nicht teuer sein. Vor allem die Getreidearten und Hülsenfrüchte lassen sich sehr kostengünstig in Einmachgläsern, die mit Gaze-Folie verschlossen werden, keimen. Anstelle der Gaze-Folie kann auch ein feinmaschiger Plastikdraht, z. B. ein Fliegengitter, verwendet werden.

Für Kresse, Luzerne, Bockshornklee und Rettichsprossen halten wir diese Methode nicht unbedingt für geeignet. Die direkt am Glasrand liegenden Pflanzen bekommen mehr Licht und keimen schneller aus. Ein ähnlich negativer Effekt ist auch in den im Reformhaus erhältlichen „Keimröhren" gegeben. Das Keimrohr ermöglicht ein optimales Durchspülen des Keimgutes unter fließendem Wasser. Im Rohr kann entweder eine einzige Sorte Samen oder ein Gemisch verschiedener Sämereien gekeimt werden. Nachteilig ist, daß nicht mehrere Samensorten getrennt gekeimt werden können. Für Kresse ist sowohl das Einmachglas als auch die Röhre völlig ungeeignet, da der Kressesamen bei diesen Methoden total „verschleimt".

Das Keimen auf sogenannten Trägermaterialien wie Watte, Vlies oder Styropor ist nicht empfehlenswert, weil, wie wissenschaftliche Untersuchungen zeigen, dadurch der Nitratgehalt in den Sprossen steigt.

Wer die frischen Sprossen als festen Bestandteil in seinen Speiseplan einbauen will, für den lohnt sich die Anschaffung eines Keimgerätes mit mehreren Keimschalen. Je nach Haushaltsgröße wird man sich entweder für das kleinere Bio-set* oder für das größere Bio-snacky* entscheiden.

* **Bezugsquelle:** Bio-set und Bio-snacky erhältlich bei Schnitzer GmbH & Co. KG, Feldbergstr. 11, D-7742 St. Georgen, in Reformhäusern und Naturkostläden.

Bio-snacky und Bio-set

Das Bio-set besteht in der Regel aus 3 Keimschalen, farbigen Syphonhütchen, einer Wasserauffangschale und einem Deckel. Alle Schalen können gleichzeitig oder nacheinander besät werden. Das Wässern ist unproblematisch. Je nach Raumtemperatur und Sorte sind die Keimlinge innerhalb von 2 bis 5 Tagen zu genießen. Von der Größe her reicht es für den 2–4-Personen-Haushalt. Für den größeren Haushalt ab 4 Personen bietet sich das Bio-snacky-Keimgerät an, das vom Prinzip her ähnlich funktioniert.

So wird gekeimt

Nach dem Aussäen stellen Sie die Schalen richtig aufeinander. Achten Sie dabei auf die Ablaufröhrchen. Sie dürfen nicht direkt übereinander stehen, sondern sollten immer versetzt angebracht sein und sich gegenüberliegen.

Beim Wässern entsteht so ein richtiger Kreislauf im Keimgerät. Dazu geben Sie so

viel Wasser in die oberste Schale des Biosnackys (beim Bio-set geben Sie das Wasser in die Deckelschale), bis es etwa 1 cm unter dem Rand steht. Halten Sie die Wassermenge ein, da sonst die Befeuchtung nicht einwandfrei klappt. Das Wasser läuft nun durch die Syphonhütchen langsam von einer Schale in die andere und befeuchtet die Samen. In den Schalenrillen bleibt immer etwas Wasser (etwa 1–2 EL) zurück, gerade so viel, daß das richtige Feuchtigkeitsklima hergestellt ist.

Wässern Sie Ihre Keimlinge nach Vorschrift. Beim abermaligen Wässern vergessen Sie bitte nicht, vorher das Auffangwasser, das sich in der untersten Schale gesammelt hat, wegzugießen!

Wenn Sie am ersten Tag die erste Schale besäen, am zweiten Tag die zweite und am dritten Tag die dritte, entsteht ein Zyklus, so daß Ihnen an jedem Tag frische Keime und Sprossen zur Verfügung stehen, zu jeder Tageszeit. Säen Sie die Samen nicht zu dicht aus, denn es gibt Samen, die beim Quellen ein Vielfaches an Platz brauchen.

Sowohl Bio-set als auch Bio-snacky erfüllen die Anforderungen, die wir an ein gutes Keimgerät stellen:

- Die einzelnen Etagen der Geräte ermöglichen ein naturgemäßes Wachsen der Sprossen wie im Erdboden, und zwar von unten nach oben.
- Die runden Keimschalen garantieren optimalen Lichteinfall und gute Luftzirkulation.
- Sie bestehen aus durchsichtigem Acrylglas. Jeder Same erhält die gleiche Dosis Licht. Dies garantiert ein gleichmäßiges Auskeimen.

- Das Material ist kratzfest, schlagfest, hygienisch und umweltfreundlich (u. a. cadmium- und formaldehydfrei, bei Vernichtung entstehen keine Chlorgase).
- Acrylglas besitzt Glasqualitäten und läßt sich sehr gut sauberhalten. Bio-set und Bio-snacky sind spülmaschinenfest.

Für weniger geeignet halten wir die Keimgeräte aus Ton. In den Poren dieses porösen Materials sammeln sich in den Sämereien vorhandene Staub- und Schmutzpartikelchen und bilden einen idealen Nährboden für Schimmelpilze. Da es sich bei Ton außerdem um ein lichtundurchlässiges Material handelt, ist die bei manchen Sprossen gewünschte Chlorophyllbildung nur mangelhaft oder bleibt gar ganz aus.

Bei manchen Sprossen, z. B. beim Weizen, ist die Wurzelbildung so stark, daß sie die im Tonschalenboden befindlichen Ablauflöcher verstopfen und den Wasserabfluß behindern können. Besonders kleine Samen wie z. B. Alfalfa oder Sesam können die Ablauflöcher ebenfalls verstopfen.

Welche Samen eignen sich zum Keimen?

Die wichtigste Voraussetzung: es muß sich um keimfähigen Samen handeln. Zu meiden sind Samen, die mit chemischen Mitteln behandelt worden sind. Am besten eignen sich Samen und Getreidekörner aus biologischem Anbau, die gleichzeitig auch auf Schadstoffe untersucht sind. Hier ist eine hohe Keimfähigkeit garantiert.

Unser Tip! Die Keimfähigkeit ist das oberste Qualitätskriterium für Getreide. Durch das Ankeimen können Sie selbst zu Hause überprüfen, ob Ihr Getreide überhaupt gesund ist.

Machen Sie hierzu einfach die Keimprobe! Zählen Sie 100 Körner aus und keimen diese nach Vorschrift an. Am 3. Tag sollten mindestens 80 bis 90% der Körner gekeimt haben. Ist dies nicht der Fall, so empfehlen wir Ihnen, sich eine neue Einkaufsquelle für besser keimfähiges Getreide zu suchen oder beim Lieferanten zu reklamieren.

Bereits wenige nicht keimfähige Samen können das Milieu im Bio-snacky verderben. Sie beginnen zu faulen und zu gären und setzen leicht Schimmel an.

Besonders gute Erfahrungen konnten wir beim Ankeimen von Getreide wie Weizen, Roggen, Reis, Sprießkornhafer oder Sprießkorngerste machen. Auch Hülsenfrüchte wie die Mungobohne, Linse, Kichererbse und Adzukibohne lassen sich hervorragend ankeimen.

Außerdem eignen sich noch Alfalfa (Luzerne), Kresse, Sesam, Senf- und Rettichsamen sowie Sonnenblumenkerne und Bockshornklee.

Auch mit anderen Samen wie Hirse oder Leinsamen können Sie einmal Keimversuche starten. Experimentieren Sie ruhig mal! Bis auf die Samen der Nachtschattengewächse (Kartoffel, Tomate) lassen sich viele Samen zu Keimgemüsen verarbeiten. Kartoffel- und Tomatensamen sind deshalb nicht geeignet, weil sie den Giftstoff Solanin enthalten.

Bezugsquellen: Hochkeimfähige Sämereien erhalten Sie in Reformhäusern, Naturkostläden oder direkt per Versand bei: Firma Schnitzer, Feldbergstr.11, D-7742 St. Georgen/Schwarzwald.

Keimdauer verschiedener Samen mit Hinweisen zur Bewässerung (nach Schnitzer)

Samen	Ernte nach	Bewässerungs-hinweis f. Keimgerät	Länge des Keimlings	Ertrag
Adzukibohne	4–5 Tagen	2–3 × tägl.	10 mm	½ Tasse Samen = 2 Tassen Sprossen
Bockshornklee	2–3 Tagen od. 7–8 Tg.	2 × tägl.	10–20 mm	¼ Tasse Samen = 1 Tasse Sprossen
Kichererbsen	2–3 Tagen	2–3 × tägl.	5 mm	1 Tasse Samen = 2 Tassen Sprossen
Kresse	6–8 Tagen	In den ersten beiden Tagen 1 × tägl., dann nur noch mit Wasser ansprühen Samen bildet Schleim	30 mm	½ Tasse Samen = 5–6 Tassen Sprossen
Linsen	2–3 Tagen	2–3 × tägl.	5 mm	1 Tasse Samen = 3–4 Tassen Sprossen
Luzerne	7 Tagen	1–2 × tägl.	30 mm	½ Tasse Samen = 6 Tassen Sprossen
Mungobohnen	2–4 Tagen	2–3 × tägl.	10 mm	1 Tasse Samen = 5–6 Tassen Sprossen
Reis	3–4 Tagen	2–3 × tägl.	3–5 mm	1 Tasse Samen = 1,5 Tassen Sprossen
Rettich	5–6 Tagen	2 × tägl.	20–30 mm	1 Tasse Samen = 5–6 Tassen Sprossen
Roggen	2–3 Tagen	2–3 × tägl.	3–5 mm	1 Tasse Samen = 2 Tassen Sprossen
Senf	2–3 Tagen	2 × tägl.	5 mm	1 Tasse Samen = 2–3 Tassen Sprossen
Sesam	2–3 Tagen	3–4 × tägl.	3–5 mm	1 Tasse Samen = 1,5 Tassen Sprossen
Sonnenblumen-kerne	1–2 Tagen	2 × tägl.	3–5 mm	1 Tasse Samen = 1,5 Tassen Sprossen
Sprießkornhafer	2–3 Tagen	2–3 × tägl.	3–5 mm	1 Tasse Samen = 2 Tassen Sprossen
Sprießkorngerste	2–3 Tage	2–3 × tägl.	3–5 mm	1 Tasse Samen = 2 Tassen Sprossen
Weizen	2–3 Tage	2–3 × tägl.	3–5 mm	1 Tasse Samen = 2 Tassen Sprossen

Einige Hinweise und Tips, die Sie beim Keimen beachten sollten

- Der Samen sollte ausreichend mit Sauerstoff versorgt werden.
- Die Samen dürfen weder zu trocken noch zu feucht sein.
- Die Raumtemperatur, in der das Keimgerät steht, ist maßgebend. Für ideal halten wir Temperaturen zwischen 18°C und 22°C. Beachten Sie, daß durch die Keimung im Gerät noch zusätzliche Wärme entsteht. Bei zu hohen Temperaturen und gleichzeitigem Sauerstoffmangel kann sich leicht Schimmel bilden. Bei warmem Wetter kann man durch mehrmaliges Spülen am Tag die Fäulnisbildung unterdrücken.
- Ist zu wenig Wärme da, vor allem in der ungeheizten Küche im Winter, gerät die Keimung leicht ins Stocken. Die Gefahr, daß die Keime dann eventuell gären oder schimmeln, besteht.
- Nicht im Kühlschrank ankeimen.
- Halten Sie bitte Ihr Keimgerät peinlich sauber. Hin und wieder sollten Sie es mit Essigwasser ausspülen.

Welche Vorteile bringt das Keimen und Sprossen für die Vollwertküche

- Mal ganz abgesehen von den gesundheitlichen Aspekten, ist das Keimen eine billige Angelegenheit. Es liefert uns ausgesprochen preiswertes, knackig frisches Gemüse. Die eigene Arbeit, die man investiert hat, zahlt sich schnell aus.
- Das Keimen ist nicht mit soviel Arbeit verbunden, wie der Laie sich dies oft vorstellt. Man braucht nur regelmäßig wässern. Es wächst und gedeiht von alleine!
- Zu beachten ist auch, daß bei der Weiterverarbeitung in der Küche wenig Arbeit anfällt. Das lästige Putzen und Zerkleinern, wie man es sonst bei Gemüse hat, entfällt.
- Als Anschauungsunterricht für Kinder ist die Ankeimung von Samen und Körnern bestens geeignet. Tag für Tag können Sie den Fortschritt der Samen bewundern.
- Mit Gekeimtem läßt sich gut im voraus planen. Fertig gekeimte Samen halten sich gut 2 bis 3 Tage im Kühlschrank. Bei einer niedrigen Temperatur keimen sie kaum weiter. Nach Bedarf kann man sich dort bedienen. Dies ist auch eine Erleichterung für Berufstätige.

Keime und Sprossen einmal kritisch betrachtet

Enthalten Keimlinge und Sprossen gesundheitsschädigende Stoffe?

Keimlinge stellen für uns eine preiswerte, saisonunabhängige Bereicherung unseres Speiseplans mit Frischkost dar. Sie werden besonders im Winter empfohlen. Interessant sind sie speziell wegen der Vitaminanreicherung während des Keimens, die beim Vitamin C einen Faktor von 3 bis 27 erreichen kann.

Da die Frage nach gesundheitsschädigenden Stoffen in Keimlingen immer wieder gestellt wird, wollen wir an dieser Stelle klären, welche Substanzen dies sind und wie kritisch ihr Gehalt in Keimlingen ist.

1. NITRAT

Obwohl Keimlinge nicht gedüngt werden, enthalten sie trotzdem Nitrate. Verglichen mit anderen Gemüsesorten liegt dieser Nitratgehalt in einem mittleren Bereich. Die Vermutung, daß stark nitrathaltiges Wasser zur Nitratanreicherung führt, konnte bisher nicht bewiesen werden.

Es konnte aber wissenschaftlich festgestellt werden, daß die Keimbedingungen einen Einfluß auf den Nitratgehalt haben. Eine Verringerung des Nitratgehaltes kann erreicht werden, wenn Sie folgende Punkte berücksichtigen:

● Keimen Sie eher länger als kürzer.
● Stellen Sie die Keimlinge ans Licht.
● Verwenden Sie keine Trägermaterialien wie Watte, Vlies oder Styropor.

Ideale Bedingungen zum Keimen haben Sie im Bio-snacky oder Bio-set!

Der Nitratgehalt von Keimlingen ist nicht höher als bei anderen Gemüsesorten, so daß dies kein gesundheitliches Risiko darstellt.

2. HÄMAGGLUTININE

Dies sind natürliche, aber gesundheitsschädigende Substanzen, die in den meisten Hülsenfrüchten vorkommen. Durch den Keimprozeß werden sie abgebaut, so daß Linsen, Mungobohnen und auch Kichererbsen in kleinen Mengen ohne weiteres roh gegessen werden können.

3. PHYTIN

Diese Substanz kommt in den Samen von Getreide und Hülsenfrüchten vor und kann die Aufnahme von Mineralien aus dem Darm behindern. Durch das Einweichen der Samen oder das Ankeimen wird diese Substanz unterdrückt.

FAZIT:

Keimlinge und Sprossen stellen entgegen der letzten Pressemeldungen keine Gefahr für unsere Gesundheit dar. Sondern im Gegenteil eine Bereicherung unseres Frischkostangebotes mit vielen zusätzlichen Vitalstoffen.

I. Getreidekeimlinge

Weizenkeimlinge

WEIZEN- UND ROGGENKEIMLINGE

Weizen zählt zu den ersten vom Menschen kultivierten Nahrungspflanzen. Die frühsten archäologischen Funde stammen aus der Zeit von 8000–7000 v. Chr. aus Westasien. In alten ägyptischen Pharaonengräbern fand man noch gut erhaltene, keimfähige Körner. Was für eine Kraft steckt in diesen Samen!

Kombiniert man den Weizen mit lysinreichen Samen, wie z. B. gekeimte Hülsenfrüchte, so stellt er eine wertvolle und wichtige Eiweißquelle dar. An Vitaminen liefert Weizen große Mengen aller B-Vitamine und Vitamin E. Durch das Ankeimen kann der Ge-halt von einigen Vitaminen erhöht werden. So kommt es durch das Keimen auch zu einer Zunahme der essentiellen Aminosäure Lysin, so daß insgesamt die biologische Wertigkeit des Weizeneiweißes erhöht wird. THOMAS konnte im keimenden Weizenkorn eine Zunahme der Vitamine B_1, B_2, B_6, Niacin, Pantothensäure, Ascorbinsäure und Carotin feststellen. Durch das Keimen wird auch die Voraussetzung für die Aufnahme von Calcium, Magnesium und Eisen in unserem Verdauungstrakt verbessert.

Weizen läßt sich besonders einfach keimen. Während des Keimens entwickelt sich an der Wurzel des Weizenkeimlings ein feiner weißer

Flaum. Laien vermuten zunächst, es handle sich hier um Schimmel. Wir können Ihnen versichern, meist ist es kein Schimmel, sondern es sind kleine Faserwurzeln.

Achtung: Schimmel kann entstehen, wenn:

● nichtkeimfähiges Getreide verwendet wird,
● das Getreide durch falsche Lagerung schon mit Schimmelsporen behaftet ist,
● das Keimgerät nicht peinlich sauber gehalten wird.

Heute zählt Weizen neben dem Reis zur wichtigsten Nahrungspflanze der Welt.

Roggen ist eine erst in der Bronze- und Steinzeit auftretende Kulturpflanze, beheimatet im Gebiet zwischen Kleinasien und Persien. In grauer Vorzeit hat man den Roggen zunächst nur als störendes Unkraut im Wei-

zenanbau betrachtet. Roggen ist ein „Kaltkeimer" und somit die typische Getreideart des kälteren und gemäßigten Klimas.

In der Zusammensetzung der Hauptnährstoffe ähnelt der Roggen dem Weizen. Er hat etwas weniger Eiweiß, dafür aber mehr Calcium und Fluor. Roggen enthält außerdem mehr unverdauliche Zucker (Stachyose, Raffinose), die unter bestimmten Bedingungen im Verdauungstrakt vermehrt Blähungen verursachen können. Keimt man den Roggen an, so wird er in der Regel sehr gut vertragen.

Beim Keimen von Weizen und Roggen ist insbesondere darauf zu achten, daß der Keimling nicht zu lang wird und sich schon gelblichgrün verfärbt. Jetzt setzt bereits die Chlorophyllbildung ein und der Keimling nimmt einen grasartigen Geschmack an, während das Korn nach 2 Tagen einen leicht süßlichen Geschmack hat.

Roggenkeimlinge

Orientalischer Weizensalat

Zutaten pro Person:
1 EL Distelöl
1 TL Zitronensaft
1 TL gehackte Petersilie
Knoblauch
2–3 EL gekeimter Weizen
80 g Tomaten
1 TL frische, feingehackte
Pfefferminzblättchen
20 g Schafskäse

Aus Öl, Zitronensaft, Petersilie und Knoblauch eine Tunke zubereiten. Die im Keimgerät gekeimten Körner gut waschen und ca. 30 Minuten in der Tunke ziehen lassen. Nun die Tomaten in feine Würfel schneiden und samt der Pfefferminze unterheben. Auf grünen Salatblättern angerichtet, mit Schafskäse überbröckelt servieren.

Orientalischer Weizensalat

Petersiliensalat mit Weizenkeimlingen

Zutaten pro Person:
½ Knoblauchzehe
¼ Peperoni
Vollmeersalz
1–2 EL Sonnenblumenöl
1 TL Zitronensaft
1 Msp. Honig
½ Becher Sanoghurt
1–2 Bund glatte Petersilie
3 EL Weizenkeimlinge
1 TL geröstete Pinienkerne
oder Mandelstifte

Knoblauch pressen, Peperoni fein würfeln. Beides zusammen mit etwas Salz auf einem Küchenbrettchen zu einer glatten Paste zerdrükken. Paste in kleine Schüssel geben und mit Zitronensaft, Honig und Öl verrühren. Sanoghurt dazugeben.
Petersilie gut waschen und von den Stielen befreien. Die Petersilienblättchen zusammen mit den Keimlingen lokker unter die Tunke ziehen. Mit Pinienkernen bestreut servieren.

| **Unser Tip** | Nehmen Sie öfter |

mal glatte Petersilie. Sie ist aus ernährungsphysiologischer Sicht wertvoller als krause Petersilie.

Weizensprossen-salat, herzhaft

Zutaten für 4 Personen:
500 g frische Ananas
400 g Sauerkraut
1 Tasse Weizensprossen
⅛ l Sahne
1 EL Distelöl
1 EL Zitronensaft
2 EL Sojasauce

Ananas fein würfeln, Sauerkraut aufschneiden und mit den gekeimten Sprossen vermischen. Die Zutaten für die Sauce verrühren und mit dem Salat vermengen. Zugedeckt kurz ziehen lassen.

Als Abwechslung gekeimte Mungobohnen verwenden.

Feldsalat mit Weizen und Portweindressing

Zutaten pro Person:
50 g blaue Trauben
50 g helle Trauben
40 g Feldsalat
20 g Walnußkerne
1 EL Weizenkeimlinge
1 TL Zitronensaft
1–2 EL Portwein
50 g Doppelrahm-frischkäse
2 EL Milch
Vollmeersalz, frisch gemahlenen Pfeffer

Trauben waschen und halbieren. Feldsalat sorgfältig waschen und mit Walnüssen, Trauben und den Weizenkeimlingen gut vermischen. Frischkäse, Milch und Wein verrühren und mit Gewürzen abschmecken. Das Dressing kurz vorm Servieren über den Salat geben.

Kopfsalat mit Roggenkeimlingen und Gänseblümchen

Zutaten pro Person:
1 EL Distelöl
1 TL Weinessig
1 EL saure Sahne
reichlich Petersilie,
Dill, Kerbel,
Liebstöckel, Rosmarin
50–80 g Kopfsalat
2 EL gekeimter Roggen
½ kl. Zwiebel
einige frischgepflückte Gänseblumenblättchen, -knospen und -blüten

Den Salat waschen, gut abtropfen lassen. Aus Öl, Essig, saurer Sahne und den Kräutern eine Marinade zubereiten. Die Roggenkeimlinge in der Marinade ziehen lassen. Die frischgepflückten Gänseblumenblätter kleinschneiden und zusammen mit den Blüten und den Kopfsalatblättern unterheben.

Hinweis Das liebliche, allgemein bekannte Gänseblümchen blüht fast während des ganzen Jahres, mitunter auch noch im Dezember. Zeitig im Frühjahr können die grundständigen Blattrosetten einschließlich der Blütenknospen gesammelt werden. Außer Vitaminen enthält das Gänseblümchen auch entzündungshemmende und schleimlösende Wirkstoffe. Man verwendet es zum Würzen von Salaten und als Beigabe zu Kräutersuppen.

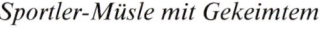

Sportler-Müsle mit Gekeimtem

Sportler-Müsle mit Gekeimtem

Zutaten pro Person:
2 EL gekeimten Weizen
2 EL gekeimten Roggen
1 kleiner Apfel,
1 TL Zitronensaft
100 g Obst, je nach Saison
½ Banane
20 g Haselnüsse
3 EL geschlagene Sahne
1 EL Honig

Den in Stifte geschnittenen Apfel sogleich mit Zitrone beträufeln und zusammen mit der kleingeschnittenen Banane, dem Honig und den Nüssen unter die gekeimten Körner geben. Frischobst je nach Jahreszeit beigeben. Etwas geschlagene Sahne unterheben. Mit einem restlichen Klecks Sahne garniert servieren.

Mit dieser Portion laufen Sie viele Kilometer weit. Es gibt Kraft für einen anstrengenden Tag.

Blaukrautsalat mit Weizenkeimlingen in Meerrettichsoße

Avocado-Roggencreme als Brotaufstrich

Zutaten:
1 kleine Avocado, muß schön reif sein
1 TL Zitronensaft
1 TL Senf, Pfeffer, Cenofix
1 kleine feingehackte Zwiebel
2 EL gekeimter Roggen
1 gekochtes Ei, in Würfel geschnitten

Avocadofleisch auslösen, sofort mit Zitrone beträufeln, pürieren, mit Gewürzen und den Zutaten sorgfältig verrühren.

Dieses Rezept ergibt einen leckeren Brotaufstrich. Reicht etwa für 4 bis 5 Scheiben Vollwertbrot. Mit Tomate garnieren.

Foto siehe S. 55

Blaukrautsalat mit Weizenkeimlingen in Meerrettichsoße

Zutaten pro Person:
80 g Blaukraut
½ TL Vollmeersalz
½ Apfel
½ kleine Zwiebel
½ TL geriebener Meerrettich
1 Msp. Honig
Pfeffer, 1 Wacholderbeere (im Mörser zerstoßen)
1 EL Distelöl
1 TL Obstessig
1 EL Bioghurt
2 EL Weizenkeimlinge

Blaukraut fein hobeln, mit etwas Salz bestreuen und stampfen. Zugedeckt eine Stunde ziehen lassen. Apfel und Zwiebel würfeln und mit den Keimlingen dazugeben. Aus den restlichen Zutaten die Tunke herstellen. Das Rezept ergibt einen sehr erfrischenden Salat.

| Unser Tip | Im Backofen leicht geröstete Roggen- und Weizenkeimlinge sind begehrte Knabbereien für einen geselligen Abend.

Gemüsesuppe mit gekeimtem Weizen

Zutaten pro Person:
3 EL gekeimter Weizen
½ l Gemüsebrühe (Vitam R)
1 kleine Zucchini
100 g Sellerie
100 g Blumenkohl
3 EL Kichererbsen, gekeimt
1 Lauchzwiebel
etwas Kräutersalz, Pfeffer

Gekeimten Weizen in der Gemüsebrühe aufkochen. 15 Minuten köcheln lassen. Inzwischen Gemüse waschen. Zucchini in Scheiben schneiden, Sellerie schälen und in kleine Würfel schneiden, Blu-

menkohl in Röschen zerteilen. Kichererbsen und das Gemüse dazugeben und 5 Minuten weiterkochen.

Zusammen mit Vollwertbrot ein vollwertiges Mittagessen.

Vollkornpfannkuchen mit süßer Füllung

Zutaten pro Person:
Für den Teig:
1 Ei
5 EL Mineralwasser
5 EL Vollmilch
50 g feingemahlenen Weizen
1 Prise Vollmeersalz

Alle Zutaten gut verschlagen und etwas quellen lassen.

Für die Füllung:
1 EL Magerquark
½ Becher Vollmilchjoghurt
1 EL gekeimter Weizen
1 TL Honig
1 TL Mineralwasser
2 EL gehackte Nüsse (Haselnüsse, Walnüsse)
1 TL gerösteter Sesam

In der Pfanne mit wenig Öl zwei kleine Pfannkuchen ausbacken. Füllung draufgeben und wie ein Omelett zusammenschlagen. Mit geröstetem Sesam bestreuen.

Champignoncremesuppe mit Weizenkeimlingen

Zutaten für 4 Personen:
150 g frische Champignons
1 große Zwiebel
50 g Butter
1 l Wasser
1 Cenovis-Brühwürfel
80 g nicht ganz fein gemahlener Weizen, in so viel Wasser eingeweicht, daß ein dickflüssiger Brei entsteht
⅛ l süße Sahne
2 EL Crème fraîche
8 EL gekeimter Weizen
2 EL Soja-Sauce
Petersilie

Die gewaschenen, in Scheibchen geschnittenen Champignons zusammen mit der Butter und der gewürfelten Zwiebel in einem etwas höheren Topf andünsten.
Nun das Wasser und den Brühwürfel dazugeben und aufkochen lassen. Den eingeweichten Weizen in die Flüssigkeit einrühren und nochmals kurz aufkochen lassen. Die Suppe vom Herd nehmen, Sahne, Crème fraîche, gekeimten Weizen und Soja-Sauce dazugeben.
Suppe vor dem Servieren mit frischgehackter Petersilie bestreuen.

Vollkornnudeln mit Weizensprossen

Zutaten für 4 Personen:
300 g Vollkornnudeln, beliebige Sorte
Wasser nach Bedarf
1 Cenovis-Gemüsebrühe-Würfel
1 TL Öl
1½ EL Butter
1 Messersp. Cenovis-Würze
1 Prise weißer Pfeffer
2 mittelgroße Tomaten
2 Tassen Weizensprossen
Schnittlauch oder Petersilie

Wasser, Cenovis-Würfel und Öl erhitzen. Darin die Nudeln bißfertig garen, abgießen und warmhalten.
Butter, Cenovis-Würze und Pfeffer zum Schmelzen bringen, die Nudeln dazugeben und leicht vermengen.
Die pürierten Tomaten und die Weizensprossen unterheben. In eine gut vorgewärmte Schüssel geben, mit Petersilie bestreut servieren.

Hinweis Statt Tomaten 150 g Champignons, fein gescheibelt und in Öl gedünstet, mit der Nudelmasse vermischen.

Pistazienroggen

Zutaten pro Person:
2 Tassen gekeimter Roggen
1 kleine Zwiebel
20 g Butter
50 g Staudensellerie
80 g grüne Erbsen (frisch oder tiefgekühlt)
20 g Pistazien
Vollmeersalz, Cenovis, Petersilie, Parmesan

Staudensellerie putzen und die Stangen in Scheiben schneiden. Zusammen mit der feingewürfelten Zwiebel in der Butter glasig dünsten. Gekeimte Roggenkörner unterrühren. Jetzt Erbsen und Pistazien unterrühren und miterhitzen. Mit den Gewürzen abschmecken. Vor dem Servieren mit Parmesan bestreuen.

Apfelküchle mit Roggenkeimlingen

Zutaten pro Person:
50 g Weizenvollkornmehl
30 g Milch
30 g Wasser
1 Ei
1 kleiner grobgeriebener Apfel
1 EL Roggenkeime
etwas Zimt
1 Prise Vollmeersalz

Aus Mehl, Wasser, Milch und Ei dicken Pfannkuchenteig herstellen. Den Apfel ganz grob hineinreiben und zusammen mit den Keimlingen gleichmäßig unterheben.
In der Pfanne in wenig Fett handtellergroße Küchle ausbacken.

Kiwi-Dessert mit gekeimtem Weizen

Zutaten pro Person:
1 Becher Bioghurt
1 EL gekeimter Weizen
1 Kiwi, kleingeschnitten
1 EL geschlagene Sahne
1 TL Honig

Alle Zutaten vermischen und mit Kiwistücken garniert servieren.

Unser Tip Verzehren Sie dieses Dessert frisch zubereitet, da die Mischung sonst durch die Kombination von Kiwi und Joghurt bitter wird.

Kiwi-Dessert mit gekeimtem Weizen

Obstsalat mit Weizen- und Roggenkeimen

Zutaten für 4 Personen:
150 g säuerliche Äpfel
150 g saftige Birnen
100 g Orangen, netto
100 g Pampelmusen, netto
2 EL gekeimter Weizen
2 EL gekeimter Roggen
1 EL Honig
3–4 EL süße Sahne
1–2 TL Zitronensaft

Äpfel und Birnen mit der Schale, Orangen und Pampelmusen geschält würfeln. Mit den gekeimten Körnern vermischen.
Honig, Sahne und Zitronensaft verrühren und mit dem Obst vermengen.

Frischkornmüsle mit Sprossen

Zutaten für 4 Personen:
100 g Dinkel- und Gerstenkörner
30 g Trockenfrüchte (Aprikosen, Feigen oder Rosinen)
2 Bananen
2 Äpfel
2–3 EL gekeimte Haferkörner

2–3 EL gekeimte Weizenkörner
40 g Nüsse (Haselnüsse, Kürbiskerne, Sonnenblumenkerne)
2 EL Zitronensaft
1 Becher Joghurt oder entsprechend Dickmilch

Dinkel und Gerste mittelgrob schroten. In so viel Wasser einweichen, daß das Korn die Flüssigkeit voll aufsaugt (Einweichzeit: min. ½ Std., max. 8 Std.). Jetzt gekeimte Körner, kleingeschnittenes Obst und gehackte Nüsse dazugeben. Joghurt oder Dickmilch unterrühren. Müsle mit gekeimten Haferkörnern bestreut servieren.

Hafersprossen

Vom Hafer wird angenommen, daß er ursprünglich aus Asien stammt, als Unkraut mit dem Weizen gewandert ist und sich dabei allmählich von der Wildform zur Kulturform entwickelt hat. Lange Zeit war er als Brei oder Mus das Hauptnahrungsmittel der ärmeren Bevölkerungsschichten.

Vor allem die fehlende Backfähigkeit trug dazu bei, daß Hafer mehr und mehr als Futtergetreide Verwendung fand.

Hafer ist ein Spelzgetreide. Das Korn fällt beim Dreschen nicht aus der Spelze heraus, sondern der Spelz muß durch technische Verfahren (Schälen auf dem Fliehkraftschäler oder Gummiwalzen) entfernt werden. Dabei geht die Keimfähigkeit des Haferkorns in den meisten Fällen verloren.

Zum Keimen eignet sich daher nur der so-genannte Sprießkornhafer. Er ist das Ergebnis einer besonderen Züchtung, bei der der Haferkern spelzfrei geerntet werden kann. Achten sollte man beim Kauf von Sprießkornhafer auch darauf, daß die Körner nicht beschädigt sind. Vor allem beim Haferkorn kann, bedingt durch eine enzymatische Oxidation des hohen Fettgehaltes, sehr schnell ein ranziger oder bitterer Geschmack entstehen.

Das Haferkorn nimmt unter den Getreidearten eine Spitzenstellung ein. Es enthält mehr Fett, Eiweiß, Mineralien und Vitamine sowie mehr heilsame Schleimstoffe als andere. Der Fettgehalt ist 2 bis 3 mal höher als bei Weizen und Roggen. Das Hafereiweiß hat im Vergleich zu anderen Getreidearten eine höhere biologische Wertigkeit. Von großer diätetischer Bedeutung sind die Schleimstoffe des Hafers insbesondere bei Magen-Darm-Störungen. Auch werden dem Hafer blutzucker- und cholesterinsenkende Wirkung nachgesagt. An Mineralien sind vor allem Calcium und Eisen hervorzuheben. Der Gehalt ist etwa doppelt so hoch wie beim Weizen. Mit 100 g Hafer läßt sich 40% des Tagesbedarfes an Vitamin B_1 decken. Bedingt durch den hohen Fettgehalt ist auch der Vitamin-E-Gehalt beachtlich hoch.

Sicherlich kennen Sie das Sprichwort „Ihn sticht der Hafer!" Tatsächlich enthält der Hafer endogene Wirkstoffe vom Typ der Weckamine, die Mensch und Tier in ihrer Aktivität anregen.

Neben dem Schroten und der alsbaldigen Verwendung des Hafers zum Frischkornbrei bietet sich uns nunmehr die Möglichkeit, das ganze Korn zu keimen. Die Keime lassen sich wunderbar zu Rohkostsalaten oder anderen schmackhaften Gerichten verarbeiten.

REZEPTVORSCHLÄGE

Hafersprossen in Fenchelrohkost

Zutaten für 4 Personen:
2 EL Zitronensaft
4 EL Sesamöl
4 Mandarinen
8 EL Hafersprossen
4 EL Walnüsse, grob gehackt
400 g Fenchel, grob geraspelt
2 EL süße Sahne

frische Zitronenmelisse, Kräutersalz, weißer Pfeffer, Paprika edelsüß

Zunächst wird die Tunke hergestellt. Die gewürfelten Mandarinen, die Hafersprossen und die Nüsse werden in die Tunke gegeben. Jetzt erst wird der Fenchel gesäubert und sofort in die Tunke hineingerieben. So geht möglichst wenig von dem wunderbaren Aroma verloren. Es sind vor allem die ätherischen Öle, die den Fenchel so wertvoll machen.

Zuletzt wird der Salat mit Mandarinenschnitzen und Zitronenmelisse garniert.

„Türkisches Müsle" mit Hafersprossen

Zutaten für 4 Personen:
100 g Weizen, mittelgrob geschrotet
4–5 EL Hafersprossen
30 g Sultaninen
2 Äpfel (200 g)
4 Mandarinen
125 g Joghurt
40 g Haselnüsse, grob geraspelt

Den Weizen frisch schroten und in so viel Wasser einweichen, daß die Flüssigkeit voll aufgesogen wird. Mindestens ½ Std. ziehen lassen. Hafersprossen und Sultaninen dazugeben. Äpfel in feine Stifte schneiden, Mandarinen würfeln. Alles mit dem Joghurt zusammen untermengen. Müsle in kleine Schüsselchen füllen. Mit Haselnüssen bestreut servieren.

Unser Tip Wer in den Frühjahrsmonaten von der sogenannten Frühjahrsmüdigkeit geplagt ist, der sollte zu dieser Zeit ein Müsle mit Hafersprossen bevorzugen. Die im Hafer enthaltenen anregenden Stoffe (sogenannte Weckamine) vertreiben Müdigkeit und Antriebslosigkeit schnell.

Kalte Gemüsesuppe mit Hafersprossen

Zutaten für 4 Personen:
1 Paprikaschote
5–6 Tomaten
1 kl. Salatgurke
1 Zwiebel
4 EL Hafersprossen
Kräutersalz
Pfeffer
Knoblauch
5 EL Distelöl
1–2 EL Obstessig
1–2 EL gehackte Kräuter (Dill, Petersilie, Basilikum, Schnittlauch)
Cayennepfeffer
3 Becher Bioghurt oder saure Sahne

Das Gemüse würfelig schneiden. Mit Öl, den Hafersprossen und den Gewürzen mischen, 1–2 Stunden im Kühlschrank stehen lassen. Vor dem Servieren den Bioghurt dazugeben. Mit den gehackten Kräutern bestreut zu Tisch bringen.

Süßer Reisauflauf mit Haferkeimen

Zutaten für 4 Personen:
250 g Rundkorn-Naturreis
1 l Frischmilch
etwas Zitronenschale
Mark einer halben Vanillestange
80 g Honig
80 g Butter
3–4 Eier, getrennt
200 g Quark
80 g gehackte Haselnüsse
5 EL Haferkeimlinge

Den Reis in der Milch mit den Geschmackszutaten zu einem Brei kochen und auskühlen lassen.
Aus Eigelb, Honig und Butter eine Schaummasse rühren, den Quark, die Nüsse und die Keimlinge unterrühren sowie den Reisbrei. Zum Schluß den steifen Eischnee unterheben. Masse in eine mit Butter gefettete Auflaufform geben, im Backofen bei 200° C etwa 50 Minuten backen.

Brokkoli-Frischkost mit Haferkeimlingen

Zutaten pro Person:
1 EL Walnußöl
1 TL Obstessig
Knoblauchgewürz
50 g Brokkoli
6 Cashewkerne
2 EL Haferkeimlinge
Petersilie

Walnußöl und Obstessig mit Knoblauchgewürz abschmecken. Den Brokkoli waschen, sehr fein schneiden und hineingeben. Cashewkerne in einer Schlagmessermühle oder

mit dem Messer zerkleinern und zusammen mit den Keimlingen untermischen.

Vollwert-Vierkorn-brot mit Haferkeimlingen

Zutaten:
900 g Wasser
75 g Hefe
25 g Vollmeersalz
450 g Weizen, fein-gemahlen
450 g Dinkel, fein-gemahlen
450 g Roggen, fein-gemahlen
5–6 EL Haferkeimlinge
Kürbiskerne, Sesam

Wasser, Hefe und Vollmeersalz in die Teigschüssel geben und auflösen. Weizen, Dinkel und Roggen sehr fein mahlen, nach und nach dazugeben. Nun etwa 10 Minuten kneten. Anschließend eine Teigruhe von 15–20 Minuten einhalten. Jetzt wird das Teigstück nochmals etwa 10 Minuten von Hand kräftig durchgeknetet. Die gut gewaschenen, abgetropften Haferkeimlinge mit einkneten sowie etwa 2 Handvoll Kürbiskerne einkneten.
Jetzt Teigstück in 4 gleichgroße Stücke teilen und jedes für sich zu einem kleinen Brotlaib formen. Laibe mit Wasser anfeuchten und in Sesam wälzen. Laibe mit dem Teigschluß nach unten auf ein gefettetes Backblech setzen und eventuell mit Messer einritzen. Hier nochmals etwa 10 Minuten gehen lassen. Im vorgeheizten Backofen 20 Minuten bei 260°C backen und weitere 20 Minuten bei 200–220°C ausbacken. Das Backen im Backofen erfolgt mit Dampf.

Unser Tip Zum Anfeuchten der Laibe am besten eine saubere Blumenspritzflasche verwenden. Das Anfeuchten der Teighaut geht damit schneller und problemloser als mit einem Pinsel.
Für den Dampf ein flaches Gefäß aus Metall oder Jena-Glas mit kaltem Wasser füllen und gleich beim Aufheizen auf den Backofenboden stellen. Sobald das Wasser köchelt, wird der zum Backen notwendige Dampf erzeugt.
Bei diesem Brotrezept können Sie natürlich auch andere Getreidekeimlinge verwenden.

Das frischgebackene, gut ausgekühlte Brot läßt sich hervorragend einfrieren.

Haferkeimlinge in gesalzenem Rahmkuchen

Zutaten für den Teig:
200 g Weizen, fein-gemahlen
60 g Butter
1 Prise Vollmeersalz
50 g süße Sahne
50 g Wasser
1 gestr. TL Backpulver

Zutaten für den Belag:
400 g saure Sahne
3 Eigelb
4 EL Haferkeimlinge
½ TL Vollmeersalz
etwas Kümmel und frisch-geschnittenen Schnittlauch zum Bestreuen

Weizen mit Sahne, Wasser, Salz, Backpulver und Butter zusammen verkneten. Teig 30 Minuten kalt stellen.
Den Teig auswellen und in eine gefettete Springform, Ø 26 cm, bringen. Einen etwa 3 cm hohen Teigrand andrücken.
Teig im vorgeheizten Backofen 10 Minuten bei 200°C vorbacken. Abkühlen lassen.

Für den Belag saure Sahne, Haferkeimlinge, Salz und Eigelb gut verrühren. Masse auf den Teigboden einfüllen. Mit Schnittlauch und einer großen Prise Kümmel bestreuen. Den Rahmkuchen 25 Minuten bei 190°C backen.

Unser Tip Der Kuchen schmeckt warm in geselliger Runde bei einem Glas Wein oder Bier am besten.

Gerstenkeimlinge

Gerste zählt zu den ältesten Kulturgetreiden. Bedingt durch ihre kurze Vegetationszeit von nur 3 Monaten kann sie auch im Norden in Gebieten mit einem kurzen Sommer angebaut werden.

Ähnlich wie der Hafer ist auch die Gerste ein Spelzgetreide. Beim Entfernen der Spelze kommt es leicht zur Verletzung des Keimes und zum Verlust der Keimfähigkeit. Die entspelzten Sorten sind zum Keimen ungeeignet wegen Gefahr von Schimmelbefall. Zum Keimen geeignet ist die sogenannte Sprießkorngerste, bei der das Gerstenkorn spelzfrei geerntet werden kann.

Gerstenkeimlinge

Gerste ist reich an Schleimstoffen. In der weiteren Zusammensetzung ähnelt sie dem Weizen. Vor allem im Brauereiwesen nutzt man die leicht aktivierbaren Diastaseenzyme der Gerste. Sie sorgen dafür, daß bei der Keimung Stärke zu niedermolekularen Zuckern wie Maltose und Glukose abgebaut wird. Bei der Bierherstellung läßt man die entstehenden Zucker zu Alkohol vergären.

Gekeimte Gerste zeichnet sich vor allem durch den angenehm süßen Geschmack und ihren leichten Bißwiderstand aus.

Sie läßt sich sehr vielseitig für Frischkostgerichte, Suppen und Eintöpfe verwenden. Durch ihren süßlichen Geschmack passen Gerstenkeimlinge auch zu vielen Desserts.

REZEPTVORSCHLÄGE

Müsle mit gekeimter Gerste

Zutaten für 4 Personen:
*2½ Tassen gekeimte
Gerste
1 Becher Bio- oder
Sanoghurt
2 EL süße Sahne
1 EL Zitrone
1–2 TL Honig
oder
1 EL vorgeweichte Rosinen
3 mittelgroße Äpfel*

Alle Zutaten bis auf die Äpfel miteinander verrühren. Die Äpfel erst kurz vor dem Verzehr grob reiben oder würfeln und rasch untermengen.
Für dieses Frischkornmüsle können beliebige Körner einzeln oder als Gemisch verwendet werden, z. B. Weizen, Hafer, Gerste, Dinkel. Dieses Müsle erfordert aber einen kräftigen Biß.

Vollwert-Sprossensalat

Zutaten für 4 Personen:
*2 EL Waldmeisteressig
6 EL Distelöl
3 EL feingewiegte frische
Kräuter (Dill, Petersilie,
Schnittlauch, Zitronen-
melisse)
½ Becher saure Sahne*

*3 EL Alfalfasprossen
3 EL Rettichsprossen
4 EL gekeimte Gerste
400 g gemischte Blatt-
salate (z. B. Feld-,
Radicchio, Eichenblatt,
Endivien)
1 Bund Radieschen
40 g grob gehackte Wal-
nüsse
1 Apfel, Limone*

Salate putzen, Radieschen in dünne Scheiben schneiden. Aus Essig, Öl und der sauren Sahne eine glatte Tunke rühren. Apfel hineinraspeln, mit etwas Limonensaft beträufeln. Nüsse, Salat und Kräuter unterheben. Sprossen und Radieschen über den Salat streuen.

> **Unser Tip** Waldmei-
> steressig
> gewinnt man durch
> Einlegen von 30 g
> Waldmeisterblättern in
> 1 l Obstessig. Etwa 3–5
> Tage stehen lassen.

Bananen-Avocado-Creme mit Gerstensprossen

Zutaten für 4 Personen:
*1 Vanille-Stange
2–3 EL Honig
300 g Bioghurt
4 EL Gerstensprossen*

*4 reife kleinere Bananen
1 reife Avocado
geröstete Haselnüsse*

Honig, wenn nicht flüssig, bei ca. 40° im Wasserbad erwärmen. Vanille-Stange aufschlitzen, Mark herauskratzen und zusammen mit Joghurt und Honig verrühren. Auf vier Dessertteller verteilen. Die Gerstensprossen darüber verteilen.
Bananen und Avocado pürieren und auf den Joghurt setzen. Mit gerösteten Haselnüssen verzieren.

„Doppeldecker" mit Äpfeln und Gerstensprossen – eine süße Kartoffel-köstlichkeit

Zutaten für 4 Personen:
*1 kg Kartoffeln
2 Eier
Vollmeersalz, Pfeffer
3 EL fein gemahlener
Weizen
Kokosfett zum Ausbacken*

Für die Füllung:
*2 säuerliche Äpfel
30 g Butter
25 g ungeschwefelte
Rosinen
1 EL Honig
Zimt
4 EL Gerstensprossen
35 g gehobelte Mandeln*

Die Kartoffeln schälen und auf einer Reibe fein reiben. Die Eier, Pfeffer und Vollmeersalz sowie das Weizenmehl zugeben. In heißem Kokosfett handtellergroße Puffer ausbacken.

Die Äpfel schälen, vom Kerngehäuse befreien und in kleine Stücke schneiden. In heißer Butter in der Pfanne anschmoren. Die Rosinen dazugeben und ca. 5 Minuten mitschmoren. Pfanne vom Feuer nehmen. Nun die Gerstensprossen unterrühren. Mit Honig und Zimt abschmecken. Die Hälfte der Mandeln unter die Äpfel rühren.

Die Kartoffelpuffer auf eine Platte legen, und die Apfelmasse gleichmäßig darauf verteilen. Darauf setzt man nun wieder jeweils einen Kartoffelpuffer und stellt die Platte warm.

Die übrigen Mandeln in einer heißen Pfanne ohne Fett goldbraun rösten und vor dem Servieren auf die Doppeldecker streuen.

Sprossen-Candy

200 g getrocknete, ungeschwefelte Früchte (Feigen, Aprikosen, Datteln usw.)
4–5 EL Gerstensprossen
etwas Wasser
Kokosflocken

Die Zutaten vermischen und durch den Fleischwolf drehen. Wird die Masse zu fest, ein wenig Wasser untermischen. Bällchen daraus formen und in Kokosflocken oder geröstetem Sesam wälzen. Im Kühlschrank aufbewahren.

Eine „süße Schleckerei", bei der Sie kein schlechtes Gewissen zu bekommen brauchen!

Rettichgemüse mit Gerstensprossen

Gemüsebeilage
für 4 Personen:
20 g Butter
400 g Rettich,
fein gewürfelt
2 EL Weizen,
fein gemahlen
Cenovis-Streuwürze,
Kräutersalz
2 EL süße Sahne
6–8 EL Wasser
50 g feingeriebener Gouda
4 EL Gerstensprossen
Petersilie

Butter in Pfanne schmelzen, Rettich dazugeben und unter Rühren etwa 8–10 Minuten dünsten. Das Gemüse mit dem Vollkornmehl bestäuben. Wasser und Sahne hineinrühren. Mit den Gewürzen abschmecken und den Käse mitverrühren. Jetzt die Gerstensprossen dazugeben. Mit frischgehackter Petersilie bestreut servieren.

Dieses Gemüse mit den Gerstensprossen paßt hervorragend als Beilage zu Getreideküchle.

Reiskeimlinge

Reis zählt zu den wichtigsten Kulturpflanzen der Menschheit, denn ungefähr die Hälfte aller Menschen lebt vom Reis. Die ältesten Funde stammen aus der Zeit um 3000 v. Chr. Der Anbau von Reis ist an zwei Voraussetzungen gebunden: heißes Klima und sehr viel Wasser. Heute unterscheidet man im Anbau 3 Grundtypen: Langkorn, Rundkorn und das weniger bekannte Mittelkorn.

Vollkornreis enthält nur 6–8 % Eiweiß, nur 1 % Fett und fast 70 % Kohlenhydrate in Form von Stärke. Der biologische Wert des Reiseiweißes übertrifft den des Weizens, denn im Reis sind alle essentiellen Aminosäuren zu finden.

Vollkornreis enthält sehr viel Niacin und ist eine gute Quelle für Vitamin E. Vitamin C, dessen Gehalt während der Keimung deutlich ansteigt, ist nur minimal vorhanden. Der Mineralstoffgehalt ist im Vergleich zu anderen Getreidearten gering. Vollkornreis ist besonders natriumarm und kaliumreich. Er wirkt dadurch entwässernd und wird daher bei zahlreichen Erkrankungen, z. B. der Nieren, eingesetzt. Vollkornreis ist außerdem reich an schleimbildenden Substanzen und daher für die Diät bei Verdauungsstörungen ideal. Er hat sich auch in der Säuglingskost hervorragend bewährt.

Da Vollkornreis keinen Kleber hat, kommt er als Brotgetreide für uns nicht in Frage. Diese Tatsache aber wiederum kommt den Menschen zu Gute, die an der sogenannten Zöliakie oder Sprue leiden und kleberhaltige Getreidearten wie Weizen, Hafer, Gerste und Roggen nicht vertragen.

In der Vollwerternährung findet der Vollkornreis in erster Linie Verwendung als Beilage, als Brei süß oder pikant, in gekochter Form als Salatgrundlage oder als Schleim in der Kinderernährung. Für diese Zwecke wird der Reis immer erhitzt. Durch das Ankeimen der Reiskörner besteht nun die Möglichkeit, diese auch roh zu verzehren, z. B. als Frischkornmüsle.

Zum Keimen verwenden wir am besten den Rundkornreis aus biologischem Anbau. Reis keimt generell sehr langsam. Er benötigt etwa 3–4 Tage Keimzeit. Am besten über Nacht in lauwarmem Wasser vorquellen lassen, dann erst ins Keimgerät geben und häufig wässern (etwa 2–3mal pro Tag). Wichtig! Reis nie in zu kalter Umgebung keimen lassen. Er braucht viel Wärme. Dann keimt er auch schneller. Auch das gekeimte Reiskorn ist noch relativ hart. Es hat viel „Biß" und sollte gründlich gekaut werden!

Möhrensalat mit Kiwi und Reiskeimlingen

Zutaten für 4 Personen:
400–500 g Möhren
4 EL Reiskeimlinge
1 Zitrone
evtl. etwas Wasser
2 EL Sonnenblumenöl
3 EL Kürbiskerne
2 Kiwi

Möhren gut waschen, evtl. bürsten. Auf der Handreibe oder mit dem Raffeleinsatz der Küchenmaschine feinraspeln. Sofort mit dem Zitronensaft, dem Öl und den Reiskeimlingen vermischen. Ist der Salat zu trocken (z. B. bei älteren Möhren), ein wenig Wasser dazugeben. Kürbiskerne unterheben. Mit einigen Kürbiskernen und geschälten, in Scheibchen geschnittenen Kiwis garnieren.

Frühstücksmüsle aus Reiskeimlingen
Ein glutenfreies Frühstück!

Zutaten pro Person:
4 EL gekeimter Reis
1 kleinen oder ½ Apfel
1 TL Zitronensaft
½ Banane

1 EL Rosinen, ungeschwefelt
1 Orange oder Obst der Saison
2 EL Bioghurt
1 Handvoll Cashewkerne

Den gründlich abgespülten, gekeimten Reis in eine kleine Schüssel geben. Den Apfel mit Schale grob raspeln, sogleich mit Zitrone beträufeln und mit dem Reis vermischen. Mit einer halben zerdrückten Banane und den Rosinen einen süßen Geschmack hineinbringen. Die Orange schälen und mit dem Messer kleinschneiden, einige Schnitzer zum Garnieren zur Seite legen. Grob gehackte Cashewkerne und Bioghurt untermischen. Das Müsle mit Orangenschnitzen verziert und einigen Reiskeimlingen bestreut zu Tisch bringen.

Gekeimter Reis im Kürbissalat

Zutaten für 4 Personen:
250 g Kürbisfleisch
250 g junge Zucchini
4 EL gekeimter Reis
4 EL saure Sahne
1 EL Zitronenessig
1 EL Sonnenblumenöl
1 große Prise Kräutersalz
Pfeffer aus der Mühle

Salatsoße aus Zitronenessig, saurer Sahne, Öl und den Gewürzen herstellen, den gekeimten Reis darin ziehen lassen.
In der Zwischenzeit Kürbis schälen, entkernen und in dicke Streifen schneiden. Zucchini gut waschen, hartes Ende entfernen und mit der Schale grob in die Soße raspeln. Den Kürbis ebenfalls grob hineinraspeln und alles mischen.

Unser Hinweis Kürbisse sind sehr kalorienarm, haben aber trotzdem viele Vitamine und Mineralstoffe. Im Vergleich zu den ihnen verwandten Gurken sind sie ein guter Lieferant für Kalium und die Vitamine B$_1$ und B$_2$. Auch in der Naturheilkunde gilt der Kürbis als eine wertvolle Heilpflanze. Das Kürbisfruchtfleisch wird aufgrund seiner harntreibenden Wirkung bei Nieren- und Blasenleiden empfohlen. Kürbiskerne gelten seit alters her als ein wirksames Mittel gegen den Bandwurm.

Der besondere Tip

Zitronenessig können Sie sich leicht selbst herstellen:
Die Schale von 4 ungespritzten (!) Zitronen feinschneiden. Mit 1 l Obstessig übergießen und etwa 10 Tage in geschlossenem Gefäß stehen lassen. Dann die Schalenteile abseihen. Fertig!
Auf die gleiche Art können Sie auch Orangenessig zubereiten.

Apfelsinencreme mit Reissprossen

Zutaten für 4 Personen:
4 Apfelsinen
⅛–¼ l Sahne (richtet sich nach der Größe der Apfelsinen)
4 EL Reissprossen
Honig nach Geschmack
Zitronensaft

Die Apfelsinen werden geschält und alles Weiße sorgfältig entfernt. Die Apfelsinen im Mixer pürieren. Unter das Mus die geschlagene Sahne und die Reissprossen heben. Mit Honig und etwas Zitronensaft abschmecken und als Nachtisch servieren.

Frühstücksmüsle aus Reiskeimlingen, Apfelsinencreme mit Reissprossen

51

Reissprossen im Sanddornquark mit Äpfeln

Zutaten für 4 Personen:
300 g Quark
Milch nach Bedarf
2 EL Sanddorn
Honig nach Geschmack
1–2 geraspelte Äpfel
4 EL Reissprossen

Quark mit Sanddorn, Honig und Milch glattrühren. Dabei soviel Milch verwenden, daß der Quark eine weiche Konsistenz bekommt. Die Äpfel mit der Schale raspeln und zusammen mit den Reissprossen untermengen. Als Nachtisch servieren.

Reissprossen im Hirseauflauf

Dieser süße Auflauf ist ein glutenfreies Rezept!

Zutaten für 4 Personen:
300 g Hirse
1 l Milch
Vollmeersalz, Zitrone, Vanille
80 g Butter
80 g Honig
3 Eier
50 g Aprikosen getrocknet oder Rosinen
50 g gehackte Mandeln
8 EL Reissprossen

Hirse in der Milch mit den Geschmackszutaten zu einem Brei kochen, auskühlen lassen.
Aus Butter, Honig und Eigelb eine Schaummasse rühren, Hirsebrei, die kleingeschnittenen Aprikosen oder Rosinen, die Mandeln und die Reissprossen untermengen. Zum Schluß den steifen Eischnee unterheben. In eine mit Butter gefettete Auflaufform geben und bei 200°C etwa 50 Minuten backen.

Sauerampfersüppchen mit Reissprosseneinlage

Zutaten für 4 Personen:
80 g Sauerampfer
50 g Butter
1 l Wasser
40 g sehr feingemahlener Weizen
3 EL süße Sahne
1 Eigelb
4 EL Reissprossen

Die Sauerampferblätter gut waschen. Stiel entfernen und in sehr feine Streifchen schneiden. In Butter leicht andünsten. Mit dem Wasser auffüllen. Zuvor 4 EL vom Wasser abnehmen und den Weizen damit anrühren. Nun die Suppe mit dem angerührten Mehl andicken, kurz (etwa 1 Minute) köcheln lassen und vom Feuer nehmen. Sahne und Eigelb unterziehen. Die gutgewaschenen, abgetropften Reissprossen in die Suppe geben und kurz ziehen lassen. In Suppentassen abgefüllt mit Sauerampfer und Reissprossen garniert servieren.

Unser Hinweis Sauerampfer finden Sie vor allem auf feuchten Wiesen, möglichst fernab vom Straßenverkehr. Verwenden Sie die kleinen Blätter, die vor der Blüte entstehen. Sauerampfer enthält viel Oxalsäure und sollte nur in kleineren Mengen verzehrt werden. Oxalsäure fördert die Einlagerung von unlöslichem Calciumoxalat im Gewebe.
Sauerampfer kann auch als Gewürz verwendet werden. Er gibt den Speisen einen leicht säuerlichen, frischen Geschmack und regt den Appetit an.

II. Gekeimte Hülsenfrüchte

Die Ordnung der Hülsenfrüchte (Leguminosen) ist mit mehr als 12 000 Arten fast unüberschaubar groß. Dazu gehören auch Mungobohnen, Adzukibohnen, Kichererbsen und Linsen. Die reifen Samen der Hülsenfrüchte werden nach der Ernte getrocknet. Ursprünglich stammen die Hülsenfrüchte aus dem Orient. Man zählt sie zu den ältesten Kulturpflanzen. In Europa waren sie, ähnlich wie noch heute in Lateinamerika, ein wichtiges Grundnahrungsmittel. Leider sind sie in der heutigen Küche etwas in Vergessenheit geraten, obwohl Hülsenfrüchte ernährungsphysiologisch sehr wertvoll sind.

In der Vollwerternährung hat man den Wert der eiweißreichen Hülsenfrüchte wiederentdeckt. In Kombination mit anderen pflanzlichen Lebensmitteln, z. B. Getreide, kann die biologische Wertigkeit, d. h. die Qualität des Hülsenfruchteiweißes, noch aufgewertet werden.

Besonders gekeimte Hülsenfrüchte stechen in ihrem Gehalt an Vitaminen und Mineralstoffen hervor. Sie sind insbesondere reich an den sogenannten kritischen Nährstoffen wie Vitamin B_1, B_2, B_6, Folsäure und Eisen. Auch der Vitamin-E-Gehalt ist recht hoch. Der hohe Gehalt an Ballaststoffen wirkt sich günstig auf die Darmfunktion aus.

Zum Ankeimen sind unbedingt Hülsenfrüchte aus kontrolliertem Anbau zu bevorzugen. Die Lagerung von Hülsenfrüchten ist genauso problemlos wie beim Getreide. Es ist darauf zu achten, daß sie kühl, trocken und vor Licht geschützt aufbewahrt werden. Am besten in der Originalverpackung oder im Leinensäckchen aufgehängt aufbewahren. Bei guten Lagerbedingungen kann man sie mindestens ein Jahr aufheben. Möchte man die Qualität überprüfen, so kann auch hier die Keimprobe gemacht werden.

Mungobohnenkeimlinge

DIE MUNGOBOHNE IST DIE KÖNIGIN DER SPROSSEN

Mungobohnensprossen werden oft auch als Sojasprossen bezeichnet. Dies stimmt eigentlich nicht ganz, denn botanisch gesehen besteht ein Unterschied zwischen den echten Sojabohnensprossen und den Mungobohnensprossen.

Jeder, der seine ersten Versuche im Keimen startet, sollte mit der Mungobohne beginnen. Sie keimt ganz unproblematisch, und Sie haben schnell das erste Erfolgserlebnis. Vom Geschmack her ist sie sehr delikat, vergleichbar mit frischen grünen Erbsen. Sie wird als hochwertiger pflanzlicher Eiweißträger sehr geschätzt. Sie besteht zu fast einem Drittel aus Eiweiß. Nach dem Ankeimen ist die Mungobohne reich an Vitamin A und C. Der Gehalt an Phosphor, Calcium und Eisen ist beachtlich hoch.

Die Chinesen züchten bereits seit Jahrtausenden die kleinen grünen, steinharten Samen zu Sprossen und bereiten daraus leckere Gerichte zu. Sie kennen sicherlich die langen Sprossen aus dem Chinarestaurant! Für diesen Zweck wird die Mungobohne etwa 10 bis 12 Tage angekeimt, und zwar im Dunkeln. So entwickeln sich keine Bitterstoffe. Die grüne Hülle fällt bald ab, und die Sprossen bleiben hell und knackig, haben allerdings einen etwas neutraleren Geschmack.

Wir verwenden für unsere Rezepte die Mungobohne samt grüner Hülle nach 2 bis 4 Tagen Keimzeit. Gekeimte Hülsenfrüchte und gekeimte Getreide ergänzen sich in ihren Eiweißbausteinen ganz hervorragend. Gerade in der Schnitzer-Intensivkost, in der der Eiweißbedarf auf rein pflanzlicher Basis gedeckt wird, sollten Sie diese Keimlinge möglichst zusammen in einer Mahlzeit reichen.

REZEPTVORSCHLÄGE

Mungobohnensalat auf indische Art

Zutaten pro Person:
1 TL Distelöl
1 TL Obstessig
1 TL saure Sahne
4 EL gekeimte Mungobohnen
reichlich Curry, Pfeffer, Petersilie, Schnittlauch
1 Msp. gekeimter Senf
ein Hauch Knoblauch.

Aus Öl, Essig, saurer Sahne, Gewürzen und Kräutern eine Tunke rühren und die Mungosprossen unterheben. Mit Tomaten und Zwiebelringen garnieren.

Dieser Salat kann ohne weiteres schon einige Stunden vor dem Verzehr zubereitet werden. Dann ist er besonders gut durchgezogen.

Feldsalat mit Mungosprossen und Sonnenblumenkernen

Zutaten pro Person:
100 g Feldsalat
50 g Gouda
1 EL Mungosprossen
1 TL Sonnenblumenkerne
2 EL Obstessig
3 TL milder Senf
Pfeffer
etwas Kräutersalz
1 TL Sonnenblumenöl

Feldsalat waschen und gut verlesen. Mit feingewürfeltem Käse, Sonnenblumenkernen und Sprossen mischen. Salatsoße anrühren und darübergießen. Die Sonnenblumenkerne können auch in einer Pfanne kurz angeröstet werden.

Unser Tip Sortieren Sie nichtgekeimte Mungobohnen vor der Zubereitung aus. Sie sind nicht gequollen und steinhart. Wird herzhaft auf einen solchen „Blindgänger" gekaut, kann dies schlimme Folgen für die Zähne haben.

Süßlich-pikanter Brotaufstrich mit Mungosprossen

Zutaten:
3 EL Mungosprossen,
½ Banane
1 gestr. TL Curry
1 Prise Pfeffer
1 TL Zitronensaft
1 EL Sauerrahm

Banane mit der Gabel zerdrücken. Zitronensaft, Sauerrahm und Gewürze dazugeben, alles mit den Mungosprossen mischen.

Quark-Meerrettich-Mungosprossen-Dip

Zutaten für 4 Personen:
50 g Magerquark
20 g Gervais o. ä. Käse
4 EL Milch
4 EL frische Sahne
1 Tasse Mungosprossen
1 EL frisch geriebener
Meerrettich oder
2 Knoblauchzehen,
gepreßt
1 Msp. Kräuterwürze

Alle Zutaten im Mixer verrühren. In Schälchen oder in kleinere Gläser füllen. Zum Dippen eignen sich Chicoréeblätter, Fenchel, Staudensellerie und Artischocken.

Pikanter Kräuterquark mit Mungo- und Alfalfasprossen

Zutaten für 4 Personen:
250 g Magerquark
2 EL Milch oder Sahne
½ kl. Zwiebel,
fein gewürfelt
Knoblauch nach Belieben
1 EL Mungosprossen
3 EL Alfalfasprossen
Petersilie oder
Schnittlauch
Kräutersalz

Alle Zutaten gut verrühren. Der Kräuterquark eignet sich hervorragend als Vollwertbrotaufstrich auf Tomaten-, Gurken- oder Rettichbrot. Mit Alfalfa garnieren.
Sehr gut schmeckt er auch mit Pell- oder Folienkartoffeln.

Sprossengemüse

Zutaten für 4 Personen:
2 große Zwiebeln, fein gehackt
4 EL gekeimte Kichererbsen
5 EL Mungosprossen
4 EL Linsensprossen
4 EL Weizenkeimlinge
2 EL Rettichsprossen
80–100 g Butter,
Knoblauch, Vollmeersalz,
Sojasauce, Petersilie,
Pfeffer aus der Mühle

Die Zwiebeln in der Butter glasig werden lassen. Die gut gewaschenen Keimlinge dazugeben und 4–5 Minuten bei mittlerer Hitze andünsten. Mit frischem Knoblauch und den angegebenen Gewürzen abschmecken. Vor dem Servieren mit frischgehackter Petersilie bestreuen. Diese Gemüsebeilage schmeckt sehr gut zu einem Vollkornnudelgericht oder zu Kartoffelgerichten.

Unser Tip Sehr gut schmeckt auch ein Auflauf aus diesem Gemüse zubereitet. Dazu wird das Keimlingsgemüse in eine kleine Auflaufform gefüllt. Dazu
100 g geriebener
Edamer
1 Ei
⅛ l Sahne
verquirlen und über die Gemüsemasse gießen. 10 Minuten bei 220° C im Backofen überbakken.

Mungosprossenbratlinge

Zutaten pro Person:
40 g Weizen, mittelgrob geschrotet, in Wasser so einweichen, daß das Wasser vom Getreide aufgesaugt wird
1 Ei
1 gehackte Zwiebel
4 EL Mungosprossen
1 Tomate, gewürfelt
Schnittlauch, Pfeffer, Curry, Knoblauch, Vollmeersalz

Zunächst die Zwiebel in der Pfanne in Butter glasig dünsten. Dann die gewaschenen Sojasprossen dazugeben und 3–4 Minuten mitdünsten.
Diese Masse zum geschroteten, eingeweichten Weizen geben, gewürfelte Tomate dazu. Mit Gewürzen abschmecken und mit Ei binden.
Aus der Masse handtellergroße Fladen formen und in Butterfett in der Pfanne knusprig ausbacken. Diese Bratlinge eignen sich gut als herzhafte Beilage zu frischen Rohkostsalaten.

Crêpes, gefüllt mit Mungosprossen

Zutaten pro Person:
50 g Weizen, sehr fein gemahlen
60 g Wasser
60 g Sahne
1 Ei
1 Prise Vollmeersalz
Butterfett zum Ausbacken

Aus Sahne, Wasser, Ei und Weizenmehl einen dünnen Teig herstellen und zwei sehr dünne Pfannkuchen ausbakken.

Für die Füllung:
4 EL Mungosprossen
20 g Butter
1 kleine Zwiebel, gewürfelt
½ Banane
1 gewürfelte Tomate
Curry, Vollmeersalz, Pfeffer

Zwiebel in Butter glasig werden lassen, Sprossen dazugeben, kurz (3 – 4 Minuten) andünsten, gewürfelte Banane und Tomate dazugeben. Mit den Gewürzen abschmecken. Die Pfannkuchen damit bestreichen, zusammenrollen.

Crêpes, gefüllt mit Mungosprossen

Sprossenpfanne mit Krabben

Zutaten pro Person:
20 g Butter oder etwas Öl
1 kleine, fein gewürfelte
Zwiebel
100 g Krabben
(tiefgefroren)
4–5 EL gekeimte Mungo-
sprossen (Mungobohnen
etwas länger ankeimen, so
5–6 Tage, und dunkel
stellen, grüne Schalenteile
entfernen)
2 EL Rettichsprossen
2 EL Weizenkeimlinge
Sojasauce, Cenofix,
Pfeffer, Curry

Zwiebel in der Pfanne glasig werden lassen. Die Krabben dazugeben und so lange andünsten, bis die Flüssigkeit verkocht ist. Nun die Sprossen dazugeben und 3–4 Minuten unter Rühren andünsten. Mit den Gewürzen pikant abschmecken. Kann als Beilage zu Frischkostsalaten serviert werden.

Nudelpfanne mit Mungosprossen

Zutaten für 4 Personen:
300–400 g Vollkorn-
nudeln
30 g Butter
2–3 mittelgroße Zwiebeln

8 EL Mungosprossen
4 Eier
1/8 l Milch
1–2 EL Sojasoße
1–2 zerdrückte Knob-
lauchzehen, Kräutersalz,
frisch gemahlener Pfeffer
2 EL Alfalfasprossen
80–100 g geriebener Käse

Die Vollkornnudeln in reichlich Salzwasser nicht zu weich kochen und gut abtropfen lassen.
Butter in einer großen Pfanne zerlassen und die gewürfelten Zwiebeln darin andünsten.
In der Zwischenzeit Eier mit Milch und Sojasoße verquirlen. Mit Kräutersalz, Pfeffer und dem Knoblauch abschmecken.
Vollkornnudeln mit den Mungosprossen vermischen, in die Pfanne geben, Eimilch darübergießen und so lange braten, bis die Eimasse gestockt ist. Vor dem Servieren mit Alfalfasprossen und dem geriebenen Käse überstreuen.

Pikante Zwiebeltorte mit Keimlingsallerlei

Zutaten für 4 Personen:

Für den Mürbeteigboden:
250 g Weizenvollkorn-
mehl, frisch gemahlen

150 g kalte Butter
1 Ei
2 EL Wasser oder Sahne
1 TL Vollmeersalz

Für den Belag:
250 g Zwiebel
1–2 EL Sonnenblumenöl
250 g Champignons
2 EL gekeimte Mungo-
bohnen
1 EL Senfkeimlinge
2 EL Rettichsprossen
2 EL Roggenkeimlinge
Petersilie, Schnittlauch,
Muskat, Kräutersalz,
Pfeffer
2–3 EL süße Sahne
2 Eier
4 Tomaten
200 g Edamer

Für den Mürbeteigboden alle Zutaten miteinander verkneten und den Teig 30–40 Minuten kalt stellen.
In der Zwischenzeit den Belag herstellen.
Zwiebel feinhacken. In Öl goldgelb dünsten. Die in grobe Stücke geschnittenen Champignons dazugeben sowie die Keimlinge, die Gewürze und die mit Sahne verquirlten Eier. Alles gut mischen.
Die Tomaten würfeln, den Käse reiben.
Eine gut gefettete Tortenform (∅ 28 cm) mit dem Teig belegen und einen Rand hochziehen, damit vom Belag nichts

auslaufen kann.
Tomaten und Käse auf den Tortenboden geben. Die Zwiebel-Champignon-Keimlings-Masse darübergießen. Backzeit: 30 Minuten im vorgeheizten Ofen bei 220° C.

Sprossen-Quiche

Zutaten für 4 Personen:
150 g feingemahlene Haselnüsse
100 g Butter
1 Ei
220 g frisch- und feingemahlenen Weizen
1 Prise Vollmeersalz
300 g saure Sahne
3 Eier
100 g geriebener Käse
2 Tassen Mungobohnen, gekeimt
1 Tasse Alfalfasprossen

Adzukibohnenkeimlinge

Die Adzukibohne gehört zu den Hülsenfrüchten und ist botanisch verwandt mit der bei uns eher bekannten südamerikanischen Feuerbohne. Im Gegensatz zu anderen Bohnenarten enthalten sie nur geringe Mengen an giftigen Substanzen. Sie eignen sich daher besonders gut zum Keimen von Sprossen, die auch roh gegessen werden können. Allzu große Mengen sollten Sie jedoch nicht roh essen. Als Heilmittel werden sie zur Stärkung der Nieren eingesetzt. Eine kleine Menge, einmal pro Woche gegessen, soll hier schon ausreichen, um Nierenbeschwerden zu bessern.

Aus 100 g Nüssen, kalten Butterflocken, Ei, Mehl und Salz einen Mürbeteig herstellen, zur Kugel formen und im Kühlschrank in Folie verpackt mindestens 1 Std. ruhen lassen.
Jetzt den Teig messerrückendick ausrollen. Eine 26-cm-Pieform einfetten, mit dem Teig auslegen, dabei einen Rand hochziehen. Mit einer Gabel den Teigboden mehrfach einstechen. Boden mit den restlichen Nüssen bestreuen.

Saure Sahne mit den 3 Eiern, Salz, Pfeffer und Reibekäse verrühren. Die Alfalfasprossen unter die Masse ziehen. Die Mungobohnen auf dem Teig verteilen und die Eimasse darübergießen.
Im vorgeheizten Backofen bei 200° C auf der untersten Schiene etwa 50 Minuten goldgelb backen.

| **Unser Tip** | Diesen Quiche |

können Sie auch gut als Vorspeise für 8 Personen reichen.

Neben Mineralstoffen und Vitaminen enthält die Adzukibohne viel Eiweiß und ist in Japan nach der Sojabohne die wichtigste Hülsenfrucht. Wer sie nicht keimen möchte, kann sie auch kochen oder zu Mehl vermahlen und dieses in Kuchen, Suppen oder anderen Gerichten verwenden.

Bevor Sie die Bohne ins Keimgerät geben, sollten Sie sie etwa 18 Stunden in einer Schüssel in Wasser einweichen, denn die Bohne ist sehr hart. Schon während des Einweichens gibt die Bohne von ihrem roten Farbstoff ab. Das Rot der Bohne verwandelt sich langsam in ein Braun.

Die Adzukibohne ist recht teuer, denn sie liefert nur geringe Hektar-Erträge. Meist sind sie noch mit kleinen Steinchen verunreinigt. Sie sollten sie daher vor der Verwendung verlesen.

REZEPTVORSCHLÄGE

Adzukikeimlinge im Löwenzahnkleid

Zutaten für 4 Personen:
100 g junge Löwenzahn-
blätter
100 g Walnußkerne oder
Haselnüsse
100 g milder Käse
(Gouda, Edamer)
1 Bund Petersilie
2 EL Olivenöl
1 EL Weinessig
1 Becher Joghurt
schwarzer Pfeffer,
Vollmeersalz
4 EL gekeimte Adzuki-
bohnen

Löwenzahnblätter waschen, abtropfen lassen, in Streifen schneiden. Käse in kleine Würfel schneiden, Nüsse grob hacken, Petersilie fein hacken. Aus Öl, Essig und Joghurt eine Marinade bereiten. Die gut gewaschenen Adzuki-bohnen hineingeben und kurz ziehen lassen. Alle übrigen Zutaten unterheben. Mit Vollmeersalz und Pfeffer aus der Mühle abschmecken.

Sollten keine Löwenzahn-blätter vorhanden sein, kann auch Feldsalat verwendet werden.

Knuspriger Käse-auflauf mit Champignons und Adzukikeimlingen

Zutaten für 4 Personen:
8 Weizenvollkornbrötchen
vom Vortag (in mitteldicke
Scheiben schneiden)
120 g Butter
500 g frische Champi-
gnons
4 mittelgroße Zwiebeln
Kräutersalz
frischgemahlener Pfeffer
1 Bund Petersilie
4 Eier
gut ¼ l Milch
100 g mittelalter Gouda-
käse
1 Tasse gekeimte Adzuki-
bohnen

Die Hälfte der Butter in einer großen Pfanne erhitzen (nicht zu stark) und die Brötchen-scheiben darin goldgelb braten. Herausnehmen. Die restliche Butter in die Pfanne geben, die in Scheiben geschnittenen Champignons und die kleingeschnittenen Zwiebeln sowie die gekeimten Adzuki-bohnen dazugeben und alles kurz andünsten. Mit Kräuter-salz und Pfeffer aus der Mühle würzen. Petersilie waschen, feinhacken und unter das Pilz-Bohnen-Zwiebelgemisch heben.

Diese Masse nun in einer feuerfesten Form verteilen und die gerösteten Brotscheiben schuppenförmig darauf verteilen. Eier, Milch, Kräutersalz verquirlen. Den Gouda grob raspeln und die Hälfte davon zur Eiermilch geben. Diese nun langsam über die Brötchenscheiben gießen.

Auflaufform mit Deckel auf die mittlere Schiene des Backofens schieben und bei 200°C 20 Minuten backen. Deckel abnehmen, restlichen Käse darüberstreuen und noch weitere 10 Minuten überbacken, bis der Käse goldbraun ist.

Gerösteter Salat

Zutaten für 4 Personen:
4 EL Sonnenblumenöl
100 g Naturreis
¼ l Wasser
Vollmeersalz, Pfeffer, Paprika
2 frische Maiskolben
1 Tasse Sojabohnen-sprossen
1 Tasse Adzukibohnen-sprossen
30 g Mandelblättchen
50 g Rosinen
3 EL Apfelessig
3 EL Apfelsaft
1 Knoblauchzehe
1 Frühlingszwiebel
1 Radicchio

Reis in 1 EL Öl anrösten, mit Wasser aufgießen, kräftig würzen mit Salz, Pfeffer, Paprika und 40 Minuten bei kleiner Hitze ausquellen.

Die Körner von dem Maiskolben mit einem scharfen Messer abschneiden, mit Reis, Sprossen und Mandeln mischen, im übrigen Öl knusprig anbraten.

Rosinen mit Essig, Saft, gehacktem Knoblauch und in Ringen geschnittener Zwiebel vermischen, unter den Salat ziehen. Mit streifig geschnittenem Radicchio anrichten.

Linsenkeimlinge

Linsen wurden nachweislich schon 6000 v. Chr. gesammelt und in Ägypten und Kleinasien kultiviert. Heute werden sie vorwiegend in der Türkei, Pakistan und Ägypten angebaut. Linsen werden nach ihrer Größe und ihrer Farbe unterschieden. So gibt es Riesenlinsen, Teller- und Mittellinsen. Kleinere Sorten sind aber meist geschmacklich aromatischer als größere. Am beliebtesten sind bei uns die grün-bräunlichen Linsen, welche sich auch hervorragend zum Keimen eignen. Die angekeimte Linse entwickelt ein fast nußartiges Aroma. Aber Achtung, sobald sich die ersten Blättchen zeigen, wird der Geschmack herb. Auch zeichnet sie sich als Hülsenfrucht durch ihren hohen Eiweißgehalt aus. Der

Gehalt an Vitaminen der B-Gruppe sowie der Vitamin-C- und -E-Gehalt ist beachtlich hoch. An Mineralien herrschen Kalium und Calcium vor. Angekeimte Linsen ergänzen Getreide und Gemüse hervorragend in den Eiweißbausteinen. Noch ein Erfahrungswert: angekeimte Linsen blähen weniger als gekochte!

REZEPTVORSCHLÄGE

Bunter Sprossen-salat mit Nüssen

Zutaten pro Person:
2 EL Distelöl
1 EL Obstessig
¼ gelbe und
¼ grüne Paprika
50 g Staudensellerie
20 g Eichblattsalat
20 g Friséesalat
10 g Walnußkerne
10 g Haselnußkerne
1 EL gekeimter Weizen,
2 EL gekeimte Linsen,
1 TL Senfsprossen,
Schnittlauch, Kräuter-
salz, weißer Pfeffer

Salatsauce aus Öl, Essig und Gewürzen zubereiten.
Paprika putzen und in feine Streifen schneiden. Selleriestange putzen und in dünne Scheibchen schneiden.
Die Sprossen gut waschen, abtropfen lassen und in die Salatsauce geben. Sellerie und Paprika dazugeben. Zum Schluß den Blattsalat vorsichtig unterheben. Mit gehackten Nüssen bestreuen.

Sprossensuppe

Zutaten für 4 Personen:
¾ l Hefe-Brühe
(z. B. Frugola)
2 EL Kichererbsensprossen
2 EL Mungosprossen
2 EL Linsensprossen
weißer Pfeffer
1 Kartoffel (oder 2 kleine)
1 kleine Möhre

Kartoffel und Möhre in kleine Würfel schneiden, in erhitzter Brühe 5–10 Minuten köcheln lassen.
Sprossen hinzufügen, noch kurz erwärmen, ca. 5 Min., aber nicht kochen.

Ko-Li-So-Rohkost
(Kohlrabi-Linsen-Sonnenblumenkerne)

Zutaten pro Person:
100 g Kohlrabi
2 EL gekeimte Linsen
1 EL Sonnenblumenkerne
oder gehackte Walnüsse
1 EL Sonnenblumenöl
1 TL Obstessig
1 EL Bioghurt
Basilikum, Melisse,
Schnittlauch

Aus Öl, Essig, Bioghurt und Kräutern eine Tunke zubereiten. Die Kohlrabi schälen, grob in die Tunke hineinraspeln. Den Salat aufwerten durch die Beigabe von Linsenkeimlingen und Nüssen.

Salat aus gekeimten Linsen mit Fenchel

Zutaten pro Person:
100 g Fenchelknolle
1 TL Zitronensaft
¼ Orange
1 Zwiebel
2 EL Linsensprossen
1 EL Crème fraîche
1 EL Orangensaft
1 Msp. Honig
etwas Meersalz
wenig geschnittene
Ingwerwurzel

Fenchelknolle putzen und waschen, vierteln und in sehr dünne Scheiben schneiden. Mit Zitronensaft beträufeln. Orange schälen, in Scheiben zerlegen und in kleine Stückchen schneiden. Zwiebel hacken und alles zusammen vermengen.

Crème fraîche mit Orangensaft verrühren, mit Honig, Meersalz und Ingwer würzen.

Sommerlich bunter Frischkostsalat

Zutaten pro Person:
50 g Kopfsalat
50 g feingewürfelte Gurke
1 Tomate in Achteln
3 – 5 Radieschen, in Scheibchen
1 EL Linsen, gekeimt

2 EL Kresse
2 EL Distelöl

1 EL Obstessig
1 TL Zitrone
1 TL Senf, gekeimt
Borretsch, Liebstöckel, Knoblauch, Schnittlauch, Pfeffer, Zwiebelringe

Aus Öl, Essig, Zitrone und Gewürzen eine Sauce zubereiten.
Alles miteinander gemischt, in einer kleinen Schüssel angemacht, ergibt bereits ein vollwertiges Mittagessen.

Kartoffelsuppe mit Sprossen

Zutaten für 4 Personen:
500 g Kartoffeln
1 l Wasser
2 Gemüsebrühwürfel (Frugola)
1 TL getrockneter Majoran
1 TL getrocknetes Basilikum
50 g geriebener Edamer
2 Tassen Linsensprossen
Kräutersalz, Pfeffer
2 EL Alfalfasprossen

Die Kartoffeln waschen und weich kochen. Anschließend pellen und durch die Kartof-

Sommerlich bunter Frischkostsalat

felpresse drücken. Inzwischen das Wasser mit den Brühwürfeln und den Gewürzen aufkochen. Die gepreßten Kartoffeln in die Brühe geben. Den geriebenen Käse und die Linsensprossen in die Suppe geben und 5 Min. ziehen lassen. Suppe mit Kräutersalz und Pfeffer abschmekken. Vorm Servieren mit Alfalfasprossen bestreuen.

Holländische Lauchsuppe mit gekeimten Linsen

Zutaten für 4 Personen:
300 g Lauch
1 l Wasser
Vollmeersalz
1 TL Frugola
1 Würfel Cenovis-
Gemüsebrühe
Cayennepfeffer, Curry
50 g gerieb. Gouda
3 Eier
etwas Butter
4 EL gekeimte Linsen
4 TL Crème fraîche
4 EL Alfalfasprossen

Lauch putzen, gründlich waschen und in sehr feine Ringe schneiden. In 20 Min. im Wasser mit Salz, Frugola und Gemüsebrühe leicht kochen. Suppe vom Herd nehmen und mit Cayennepfeffer, Curry und Käse abschmecken. Jetzt die gekeimten, gut ge-

spülten Linsen unterrühren. Eier verquirlen. In der Pfanne mit Butter als Rührei ausbakken. Rührei in die Suppentassen verteilen. Suppe darübergeben. Jede Portion mit 1 TL Crème fraîche und 1 EL Alfalfasprossen garnieren.

Linsen-Weizen-Curry

Zutaten für 4 Personen:
10 EL Linsen, gekeimt
5 EL Weizen, gekeimt
250 g Zwiebeln
40 g Butter
2 EL Haselnußöl oder
Sonnenblumenöl
Cenofix
1 EL milder Curry
100 g Mandeln, geschält
½ frische Ananas
Knoblauch, Ingwer, Soja-
sauce

Zwiebeln würfeln, in Butter und Öl glasig werden lassen. Gekeimte Linsen und gekeimten Weizen dazugeben. Mit reichlich Cenofix und Curry würzen. Unter ständigem Rühren etwa 5 Minuten dünsten.
Mandeln längs halbieren und dazugeben.
Ananas schälen, Strunk entfernen, Fruchtfleisch fein würfeln und miterhitzen. Mit Knoblauch, Sojasauce und Ingwer abschmecken.

Dazu knackig frische Rohkostsalate reichen.

Gemüsereis mit Linsensprossen

Zutaten für 4 Personen:
200 g Vollkornreis
400 g Brokkoli
150 g Champignons
2 Zwiebeln
20 g Butter
Kräutersalz, Pfeffer,
Knoblauch
½ l Vitam-Hefebrühe
¼ l Weißwein
1 EL Sojasoße
4 EL süße Sahne
4 EL Linsensprossen

Den Reis in der Butter glasig dünsten, feingehackte Zwiebeln, Kräutersalz, Pfeffer und frischgepreßten Knoblauch hinzufügen und weiterdünsten.
Brühe und Weißwein (wenn ohne Weißwein zubereitet werden soll, entsprechend mehr Brühe verwenden) zugießen und im geschlossenen Topf ca. 20 Minuten köcheln lassen.
In der Zwischenzeit Brokkoli putzen, waschen und in Röschen schneiden, Champignons putzen, waschen und in Scheiben schneiden. Nun

das Gemüse zum Reis geben und 10 Minuten mitdünsten. Mit Sojasoße und Sahne abschmecken.

Kurz vor dem Servieren die Linsensprossen dazugeben und alles gut vermengen.

Kartoffeln püriert mit Linsensprossen

Zutaten für 4 Personen:
500 g Pellkartoffeln
Vollmeersalz
1½ Tassen Linsensprossen
100 g Parmesan o. ä.
geriebenen Käse
1 EL Crème fraîche
1 EL saure Sahne
1 Knoblauchzehe
2 EL Kresse

Die Kartoffeln pellen, pürieren und leicht salzen. Die Hälfte in eine mit Butter gefettete Form geben, darüber die Linsensprossen verteilen und mit dem Restpüree abdecken. Käse, Crème fraîche, Sahne und zerdrückten Knoblauch gut verrühren. Die Püreemasse mit der Creme begießen. In dem auf 250°C vorgeheizten Ofen auf der Mittelschiene 12–15 Minuten überbacken.

Mit sehr fein geschnittener Kresse oder Kressesprossen überstreuen.

Gekeimte Linsen im Zucchinisalat

Zutaten pro Person:
1 EL Sonnenblumenöl
1 TL Obstessig
Cenovis-Streuwürze, Pfeffer, 1 Bund Petersilie
100 g Zucchini
1 Nektarine
1 EL Kürbiskerne
2 EL Linsensprossen

Salattunke aus Öl, Essig, Gewürzen und feingehackter Petersilie zubereiten. Zucchini gut waschen. Mit der Schale grob in die Tunke hineinraspeln. Gewürfelte Nektarine oder Pfirsich dazu. Kürbiskerne und Linsen unterheben. Mit einigen Kürbiskernen garnieren.

Kichererbsenkeimlinge

Die Kichererbse stammt vorwiegend aus Portugal, Afrika und Südamerika. Kichererbsen sind auch als „Platterbsen" bekannt. Sie sind gelb bis leicht rötlich gefärbt und haben eine leicht kantige Form. Sie enthalten einen hohen Eiweißanteil und viele wertvolle Mineralien. Der Gehalt an Vitamin A und E erhöht sich durch das Ankeimen beachtlich. Wer Kichererbsen ankeimt, wird entdecken, daß sie während des Quellens regelrecht Gase abgeben. Man sollte sie daher öfters am Tag mit frischem Wasser abspülen. Ob die gekeimte Kichererbse roh gegessen oder besser blanchiert werden soll, darüber gehen die Meinungen weit auseinander. Tatsache ist, daß die Kichererbsen natürliche Gifte enthalten, die zum Teil während des Keimvorganges abgebaut werden. Roh sind sie am knackigsten. Eine kleinere Menge gekeimter, roher Kichererbsen kann auf keinen Fall schaden. Wer empfindlich ist oder den bitteren Beigeschmack nicht so mag, kann die Kichererbsen gerne blanchieren. Durch das Blanchieren werden einige Bitterstoffe entfernt.

Kichererbsen, gekeimt

REZEPTVORSCHLÄGE

Kichererbsenkeimlinge in Avocado

Zutaten pro Person:
1 Avocado
2 EL angekeimte Kichererbsen
1 TL Distelöl
1 TL Zitronensaft
schwarzer Pfeffer und
Cenofix

Zitronenscheiben zum Garnieren

Die gut gereiften Avocados der Länge nach halbieren, Kern entfernen (Tip: Kern nicht wegwerfen, sondern mit der Spitze nach oben in feuchte Blumenerde pflanzen, feucht halten. Mit viel Liebe und Geduld entwickelt sich bald eine junge Avocadopalme). Avocadofleisch sofort mit etwas Zitronensaft beträufeln. Die Kichererbsenkeimlinge mit Öl, Zitronensaft und Gewürzen anmachen und in die Mulde der Avocado füllen.

Kichererbsenkeimlinge in Avocados gefüllt

Wintersalat mit Kichererbsenkeimlingen

Zutaten pro Person:
*2 EL gekeimte
Kichererbsen
¼ Bund Brunnenkresse
1 kleine Orange
1 kleiner Kolben Chicorée
½ reife Birne
1 EL Sonnenblumenöl
Cenofix
1 TL Meerrettich, frisch
gerieben*

Die Brunnenkresse waschen, Blätter von den Stielen zupfen.

Orange schälen. Die Filets zwischen den Trennhäuten herausschneiden. Die Fruchtrückstände gut auspressen und den Saft auffangen.

Chicorée waschen, den bitteren Kern keilförmig herausschneiden, Chicorée quer in Streifen schneiden und in dem Orangensaft wenden.

Birnen waschen und vierteln, Kerngehäuse entfernen, Fruchtfleisch in dünne Spalten schneiden.

Kresse und Kichererbsenkeimlinge in Öl wenden. Mit dem Obst vermischen. Auf Chicoréeblättern anrichten. Mit Meerrettich bestreuen.

Sauerkraut-Möhren-Rohkost mit gekeimten Kichererbsen
Mungobohnensalat auf indische Art, siehe Rezept S. 54

Sauerkraut-Möhren-Rohkost mit gekeimten Kichererbsen

Zutaten pro Person:
100 g Sauerkraut, etwas klein geschnitten
50 g Möhren, fein-geraspelt
1 TL Zitronensaft
1 EL Sonnenblumenöl
2 EL angekeimte Kicher-erbsen

Öl und Zitronensaft verrühren. Sauerkraut, Möhren und Kichererbsen unterheben. Den Salat kurz ziehen lassen. Auf grünen Salatblättern anrichten und mit Petersilie garnieren.

Creme aus Kicher-erbsenkeimlingen

Zutaten:
4 EL Kichererbsen-keimlinge
2 EL saure Sahne
etwas frisches Basilikum oder auch getrocknet
Knoblauch
Pfeffer, Cenofix
1 TL gekeimter Senf

Gekeimte Linsen im Zucchinisalat

Vollwertbrotscheibe mit Tomatenscheiben belegen. Die gekeimten Kichererbsen mit dem Pürierstab zerkleinern. Mit der Sahne und den Gewürzen anmachen, auf das Tomatenbrot schichten. Mit Kichererbsenkeimlingen und Petersilie garnieren. Reicht für vier Scheiben Vollwertbrot.

Chicorée mit Emmentaler und Kichererbsenkeimlingen

Zutaten pro Person:
100 g Chicorée
30 g Emmentaler
½ EL Obstessig
1 EL Distelöl
Pfeffer
1 EL Kichererbsenkeimlinge

Chicorée in feine Ringe schneiden, Emmentaler würfeln, mit Kichererbsen und Soße aus Essig, Öl und Pfeffer gut vermischen.

Kichererbsenkeimlinge in Curry-Reispfanne

Zutaten für 4 Personen:
250 g Rundkorn-Naturreis
2 große Zwiebeln
80 g Butter
3 kleine Bananen
4 EL gehobelte Mandeln
2 EL gekeimter Rettich
8 EL gekeimte Kichererbsen
4 EL Soja-Sauce
1–2 TL Curry
Vollmeersalz, Pfeffer
etwas Zitronenmelisse und Tomate zum Garnieren

Den Reis waschen. In einen halben Liter gut gesalzenes kochendes Wasser geben. Den Reis zugedeckt 30 Minuten bei kleiner Flamme ausquellen lassen.
Inzwischen Zwiebeln würfeln und in Butter zugedeckt etwa 7 Minuten dünsten. Kichererbsenkeimlinge, Mandeln und die in Scheiben geschnittenen Bananen dazugeben und weitere 4–5 Minuten unter ständigem Rühren dünsten.
Nun den Rettich, Soja-Sauce und die weiteren Gewürze dazugeben. Zum Schluß den gekochten Reis untermischen. Mit Melisseblättchen und Tomate garniert servieren.

Kichererbsensprossen-Sesam-Aufstrich

Zutaten:
120 g Kichererbsensprossen
1 EL Sesamsprossen
50 g weiche Butter
1½ EL Olivenöl
1 EL Zitronensaft
1 Msp. Cenofix-Streuwürze
1 Msp. Pfeffer

Butter, Gewürze, Öl und Zitronensaft im Mixer kurz pürieren. Kichererbsensprossen und die Sesamsprossen in kleinen Mengen beigeben, bis eine streichfähige Masse entsteht. Eventuell ein wenig Milch oder Wasser zugeben. Dieser Aufstrich schmeckt sehr gut zu frischem Vollkornbrot bzw. -brötchen.

WEITERE SÄMEREIEN, DIE SICH ZUM KEIMEN EIGNEN

Bockshornklee

Die ursprüngliche Heimat des Bockshornklees ist nicht genau bekannt, dürfte aber wohl das Mittelmeergebiet sein. Heute wird er weltweit angebaut, vor allem in Äthiopien, Indien, China, Amerika, Ägypten und Sudan. Er wurde schon in Altägypten als Heilmittel gegen Fieber geschätzt.

Bockshornkleesamen enthalten bis zu 30% Schleim, erhebliche Mengen an Eiweißstoffen, außerdem Fette, Saponine, das nicht giftige Alkaloid Trigonellin, Flavone, größere Mengen von Eisen, Phosphor, Gerbstoffe, Cholin und Bitterstoffe. Sie wirken verdauungsfördernd, stoffwechselanregend und stärkend. Bockshornkleesprossen sollen sich außerdem sehr positiv auf Blutzucker- und Blutdruckwerte auswirken.

Bockshornklee läßt sich ausgezeichnet keimen. Während des Keimprozesses entwickelt sich ein stark aromatischer Geruch, der uns etwas an Curry erinnert. Tatsächlich findet sich Bockshornklee auch in verschiedenen Gewürzmischungen wieder, z. B. im Currypulver.

Es ist eine wahre Pracht zu beobachten, wie der kleine Bockshornsproßling heranwächst. Nach etwa 7 bis 8 Tagen haben die Sprossen eine solche Kraft, daß sie den Deckel des Biosnackys oder die Schale über ihnen hochzudrücken vermögen. In der offenen Keimschale können die Samen dann noch weitere 2 bis 3 Tage keimen, bis sich die Blättchen schön entfalten.

REZEPTVORSCHLÄGE

Rote-Bete-Kartoffelsuppe im Sprossenkleid

Zutaten für 4 Personen:
300 g Rote Bete
350 g Kartoffeln
1 l Gemüsebrühe
4 EL Sauerrahm
frischgemahlener schwarzer Pfeffer
4 EL Bockshornklee- sprossen

Kartoffeln in der Gemüsebrühe garkochen, rohe Rote Bete klein würfeln, einige Stücke beiseite legen.
Kartoffeln und Rote Bete im Mixer pürieren. 2 EL Sauerrahm unterrühren. Suppe heiß anrichten. Mit Rote-Bete-Stückchen, Sauerrahm und Bockshornkleesprossen garniert heiß servieren.

Getreidesalat mit Bockshornkleesprossen

Zutaten für 4 Personen:
4 EL Sahne
1 EL Essig
2 EL Distelöl
1 gewürfelte Zwiebel
Petersilie, Dill, Thymian,
Basilikum, Koriander,
Cenovis-Gemüsebrühe
3 Gewürzgurken
2 Tassen Bockshornkleesprossen
300 g Getreide, gekocht
Kräutersalz
2 hartgekochte Eier
Kresse

Getreide (Weizen, Roggen, Dinkel, Grünkern nach Wahl) in 550 g Wasser über Nacht einweichen, mit je ½ TL Koriander, Basilikum, Thymian und einem Gemüsebrühwürfel 30 bis 60 Minuten köcheln lassen. Anschließend noch 10 Minuten nachquellen lassen.
Sahne mit Essig, Öl, Zwiebelwürfeln und Kräutern verquirlen. Gurken würfeln, alles mit Getreide vermengen. Die Bockshornkleesprossen etwas klein schneiden. Ebenfalls untermengen. Mit Kräutersalz abschmecken. ½ Stunde ziehen lassen.
Mit Eiern und Kresse garnieren.

Kartoffelgratin mit Bockshornkleesprossen

Zutaten für 4 Personen:
6–10 mittelgroße Kartoffeln, je nach Größe der Auflaufform
200 g süße Sahne
150–200 g Gouda (mittelalt), fein gerieben
3–4 Knoblauchzehen
Vollmeersalz
schwarzer Pfeffer, frisch gemahlen
Butter zum Ausfetten der Form
4–6 EL Bockshornkleesprossen

Die feuerfeste Form buttern, die Knoblauchzehen kleinschneiden und in der Form verteilen. Kartoffeln schälen und mit einem Gurkenhobel in münzdicke Scheiben schneiden. Kartoffeln schuppenartig in der Form aufschichten. Am Rand sollen die Scheiben aufstehen. Salzen und pfeffern. Die Sahne mit Käse, Pfeffer und Salz vermischt darübergießen. Die Auflaufform dann mit Dekkel schließen und zunächst ½ Stunde im Ofen bei 220°C auf der untersten Schiene backen. Sahne muß kochen.

Kartoffeln jetzt testen, ob sie schon weich genug sind. Wenn ja, Deckel entfernen, die Sprossen über den Käse streuen. Die Form auf die oberste Schiene stellen und den Käse knusprig werden lassen.
Zu diesem Gratin schmeckt am besten viel Rohkost.

Zwiebelgemüse mit Sprossengarnitur

Zutaten für 4 Personen:
80 g Butter
400 g Gemüsezwiebeln, grob gewürfelt
400 g Butterrüben, grob gewürfelt
4 EL Gerstensprossen
3 EL Rettichsprossen
5 EL Bockshornkleesprossen
2 EL Sahne
Knoblauch, Kräutersalz, Curry, Paprika
100 g geriebenen Gouda

Zwiebeln in einer Pfanne in Butter andünsten. Die gewürfelten Butterrüben dazugeben und ca. 10 Minuten mit geschlossenem Deckel weiterdünsten. Zwischendurch umrühren. Mit reichlich Gewürzen abschmecken. Jetzt erst die Sprossen dazugeben und 1 bis 2 Minuten mitdünsten. Das Gemüse mit dem geriebenen Käse bestreuen. Bei geschlossenem Deckel den Käse kurz schmelzen lassen. Als Beilage zu diesem Gemüsegericht eignen sich besonders Pellkartoffeln oder ein Vollkornreis.

Pikante Reiskroketten mit Bockshornkleesprossen

Zutaten für 4 Personen:
1 mittelgroße Zwiebel
20 g Butter
1 EL Wasser
300 g Naturreis
½ l Wasser
1½ Cenovis-Gemüsebrühwürfel
1 Lorbeerblatt
2 Eier
100 g Knollensellerie
1 EL feingehackter, frischer Majoran oder
1 TL getrockn.
4 EL kleingehackte Bockshornkleesprossen
1 TL Curry
1 Prise Cayennepfeffer
Kräutersalz
Butter zum Ausbacken
150 g Butter- oder Räucherkäse

Zwiebel kleinhacken und in 20 g Butter und 1 EL Wasser glasig im Topf braten. Den Reis in einem Sieb unter fließendem Wasser abspülen.

Mit ½ l Wasser, den Brühwürfeln und dem Lorbeerblatt zu der Zwiebel geben. Nach 10 Minuten Kochzeit Lorbeerblatt herausnehmen. Reis etwa 35 Minuten auf kleiner Flamme weitergaren.
Verquirlte Eier, geschälten und feingeriebenen Sellerie, die Gewürze und die feingehackten Bockshornkleesprossen mit dem Reis vermengen. Aus jeweils 1 EL Reismasse flache Küchlein formen und in etwas Butter in der Pfanne von beiden Seiten goldgelb backen. Zwischen 2 fertige Kroketten je 1 Scheibe Käse legen. Die Kroketten noch einige Minuten in der zugedeckten Pfanne lassen, bis der Käse schmilzt.
Dazu kann eine Tomatensauce gereicht werden und vorweg ein knackig frischer Rohkostsalat.

Grünkernsuppe mit Bockshornklee- und Rettichsprossen

Zutaten für 4 Personen:
80 g Butter
1 Frühlingszwiebel
200 g Grünkern, fein geschrotet
1 l Wasser
2 TL Vitam-R-
Gemüsebrühe
2 Tassen Bockshornkleesprossen
1 Tasse Rettichsprossen
frisch geriebener Muskat
Kräutersalz, Pfeffer
⅛ l geschlagene Sahne

Zwiebel in Butter anschwitzen, Grünkernschrot dazugeben und ebenfalls anschwitzen. Mit Wasser auffüllen. Gemüsebrüheextrakt dazugeben und etwa 15 Minuten unter Rühren leicht köcheln lassen. Die Suppe von der Feuerstelle nehmen. Einen Teil der Sprossen unterrühren und mit Gewürzen abschmecken. Mit geschlagener Sahne und mit den restlichen Sprossen garniert servieren.

| **Unser Tip** | Bei Schwellungen und Insektenstichen hilft ein Umschlag aus Bockshornkleeblättern. Er hat eine kühlende Wirkung!

Grünkernsuppe mit Bockshornklee- und Rettichsprossen

Kleine Grünkern-hamburger mit Sprossen

Zutaten für 4 Personen:

50 g ganzer Grünkern
80 g grob geschroteter Grünkern
½ l Wasser
1 Gemüsebrühwürfel
1 Ei
1 kleine feingehackte Zwiebel
40 g gehackte Walnüsse oder Haselnüsse
50 g geriebenen Käse
Petersilie
1 TL Majoran
Kräutersalz, Pfeffer,
Vollkornbrösel
6 – 8 Vollkornbrötchen
grüne Salatblätter und
1 Tasse Bockshornklee-sprossen
4 EL Sesam

Wasser zusammen mit dem Gemüsebrühwürfel zum Kochen bringen. Den ganzen Grünkern einrühren und etwa 15 Minuten bei geschlossenem Deckel auf kleiner Flamme kochen lassen. Nun den geschroteten Grünkern dazugeben, unterrühren und auf kleiner Flamme weitere 20 Minuten ausquellen lassen. Die Masse etwas abkühlen lassen, Ei, Zwiebelwürfel, Käse und Walnüsse untermischen. Reichlich mit Gewürzen abschmecken. Falls die Masse noch zu feucht ist, etwas Vollkornbrösel untermengen.

Jetzt von Hand kleine Hamburger formen, in Sesam wälzen und in der Pfanne in heißem Fett von beiden Seiten knusprig braun braten.

Vollkornbrötchen halbieren, auf jede Hälfte ein kleines Salatblatt und 1 EL Bockshornkleesprossen legen, Bratlinge rein und wieder zusammenklappen. Guten Appetit!

Diese kleinen „Hamburger" schmecken auch ganz lecker als Beilage zu Rohkostsalaten.

Kresse

Zum Keimen eignet sich die Gartenkresse. Sie stammt von nahverwandten Wildkräutern ab, die von Ägypten bis Südwestasien verbreitet sind.

Kresse gehört zu den schleimbildenden Samen. Beachten Sie bitte zum Ankeimen die Bewässerungshinweise S. 28. Bei ausreichender Wärme und guten Lichtverhältnissen gehen die Samen innerhalb von 2 Tagen auf, und in einer Woche, wenn das zarte Kraut etwa 3–5 cm hoch ist, kann bereits die Ernte erfolgen. Im Bio-snacky herangezogen, kann die Kresse samt Würzelchen geerntet werden.

Die Gartenkresse ist reich an Vitamin C (etwa 30 mg in 100 g Grünmasse). Weitere wichtige Inhaltsstoffe sind Carotin, Vitamin

Champignon-Kresse-Salat
Tomatenhälften, gefüllt mit Rettichsprossen

B₁, Vitamin K, Senfölglykoside, ätherisches Öl, Chlorophyll, Eisen und Schwefel. Kresseblätter regen den Stoffwechsel und die Magensaftabsonderung an, wirken harn- und galletreibend und fördern die Bildung roter Blutkörperchen.

Die herb-pikante Würze der Kresse paßt zu fast allen Rohkostsalaten und Getreideschroten.

REZEPTVORSCHLÄGE

Champignon-Kresse-Salat

Zutaten pro Person:
2 EL Distelöl
1 TL Obstessig

Pfeffer, Paprika, Cenofix
1 TL Zitrone
50 g frische Champignons, in Scheibchen schneiden
4 EL Kresse

Aus Distelöl, Obstessig, Zitronensaft und Gewürzen die Sauce zubereiten. Champignons und Kresse untermischen. Den Salat mit Tomaten garnieren.

Melonen-Kresse-Salat

Zutaten pro Person:
*100 g Honigmelone,
kleingeschnitten
50 g rote Paprika, in
feine Stifte geschnitten*

*2 EL Kresse
1 EL Sonnenblumenöl
1 EL Obstessig
Cenofix und Pfeffer*

Aus Öl, Essig und Gewürzen
die Sauce zubereiten. Melone, Paprika und Kresse untermischen.

| Unser Tip | Besonders schön |

sieht dieser Salat aus,
wenn man ihn in der
ausgehöhlten Melone
serviert.

Melonen-Kresse-Salat

Kartoffelpfanne mit Kresse angerichtet

Zutaten pro Person:
200 g Kartoffeln
40 g Zwiebeln
¼ grüne Paprikaschote
30 g Frischkäse
1 EL gekeimte Kresse
Butter
Vollmeersalz, Pfeffer

Kartoffeln in der Schale kochen, pellen. Abkühlen lassen und in Scheiben schneiden, Zwiebel schälen und in Ringe schneiden. Paprika putzen und in feine Streifen schneiden.

Kartoffelscheiben in zerlassener Butter anbraten, würzen. Zwiebelringe und Paprika dazugeben und 5 Minuten mitbraten. Mit Frischkäse und Kresse anrichten.

Grünkernlaibchen mit Kresseschaum

Zutaten für 4 Personen:
200 g Grünkern
¼ l Gemüsebrühe
1 Zwiebel
je ½ Bund Petersilie,
Schnittlauch, Dill
100 g Magerquark
50 g gemahlene Haselnüsse
1 Eigelb
Vollmeersalz,
weißer Pfeffer
2 EL Vollkornbrösel
25 g Butter
200 g Kresse
150–200 g Sahne
2 Eier

Grünkern abspülen und über Nacht in ⅜ l Wasser einweichen. Gemüsebrühe dazugießen und bei mittlerer Hitze etwa ½ Stunde garen, bis die Flüssigkeit aufgesogen ist. Masse abkühlen lassen.

Inzwischen Zwiebel schälen und fein hacken. Kräuter waschen und fein hacken. Grünkern, Zwiebel und Kräuter in eine Schüssel geben. Quark, Haselnüsse und Eigelb dazugeben. Alles gut verkneten und mit Salz und Pfeffer würzen.

Aus der Grünkernmasse 4 große Bällchen formen, flachdrücken und in Vollkornbröseln wenden. Laibchen in der Pfanne mit etwas Fett von jeder Seite etwa 7 Minuten goldgelb braten.

Kresse waschen. Mit der Hälfte der Sahne pürieren. Eier in heißem Wasserbad cremig aufschlagen. Kressemus zufügen und so lange weiterschlagen, bis die Masse dicklich ist, abschmecken. Restliche Sahne steif schlagen und unterheben.

Laibchen mit Kresseschaum übergossen und mit Kressebüscheln verziert servieren.

| **Unser Tip** | Eine im Keimgerät |

selbst gezogene Kresse ist viel geschmacksintensiver als die aus dem Supermarkt!

Alfalfa oder Luzerne

In der Geschichte gilt Luzerne als die Futterpflanze, die von den Arabern zur Aufzucht ihrer Vollblutpferde schon immer verwendet wurde. Der Name „Alfalfa" wird aus dem Arabischen hergeleitet und bedeutet „gutes Futter".

Auch bei uns ist die Luzerne/Alfalfa vielfach nur als Viehfutter bekannt. Dabei sind die Sprossen auch für uns Menschen eine sehr bedeutende Zusatznahrung, die unsere Alltagskost mit Vitalstoffen bereichert. Vor allem in der amerikanischen Naturkostbewegung erfreuen sich die Sprossen mittlerweile großer Beliebtheit.

Die Blätter der Luzerne enthalten das Provitamin A (Carotin), der Vitamin-C-Gehalt ist enorm (eine halbe Tasse Luzernesprossen enthalten den gleichen Vitamin-C-Gehalt wie 6 Gläser frisch gepreßter Orangensaft!).

Luzernesprossen, die zu den Kleearten gehören, schmecken ähnlich wie Kresse, jedoch milder und lassen sich in der Vollwertküche recht vielseitig verwenden. Sie bereichern je-

den Rohkostsalat und geben einem Kräuterquark erst die rechte Würze. Beim Vollkornbrot mit Butter bestrichen, mit Frischkost wie Tomate, Gurke, Rettich belegt, rundet eine Lage Luzernensprossen das Ganze erst so richtig ab.

REZEPTVORSCHLÄGE

Feldsalat mit Luzernesprossen

Zutaten für 4 Personen:
300 g Feldsalat
1½ Tassen Luzerne-
sprossen
1 mittelgroße Zwiebel
4 EL kaltgeschlagenes Öl
3 EL Zitronensaft
2 EL Essig
2 TL Honig
1 Knoblauchzehe, fein
zerdrückt
1 EL frischer Meerrettich

Den Salat sorgfältig putzen, waschen und gut abtropfen lassen. Die Sprossen und die feingewiegte Zwiebel mit dem Salat vermengen. Die Zutaten für die Sauce verrühren, über den Salat geben und mit zwei Gabeln behutsam unterheben.

Alfalfasprossen-Toast

Zutaten pro Person:
2 Scheiben Schnitzer-
Vollwert-Butter-Toast
20 g Butter
1 kleine Knoblauchzehe
2 Tomaten

6 EL Alfalfasprossen
Petersilie
Thymian
1 kleine Zwiebel
1 EL Senfsprossen
Vollmeersalz, Paprika,
frischgemahlener Pfeffer
2 große Scheiben Gouda

Die Brotscheiben leicht toasten und mit Butter bestreichen. Dann den Knoblauch in hauchdünne Scheibchen schneiden und auf dem Toast verteilen. Die Tomaten in Scheiben schneiden und auf den Toast legen. Mit Thymian, Petersilie, Salz, Pfeffer würzen. Die Zwiebelringe und die Senfsprossen ebenfalls verteilen.
Nun die Alfalfasprossen auf den Toast häufen.
Die Goudascheiben in Streifen schneiden und über den Sprossen verteilen. Mit in Paprika gewälzten Zwiebelringen garnieren.
Backzeit: Im vorgeheizten Backofen bei 220°C 5–8 Minuten überbacken.
Eine schnelle Beilage zu Rohkostsalaten!

Möhrensalat auf Alfalfasprossen

Zutaten pro Person:
*3 EL Alfalfasprossen
100 g Möhren, fein geraspelt
¼ feingeriebenen Apfel
1 EL Öl
1 TL Zitrone
1 EL Sesam*

Öl und Zitrone mischen. Geriebenen Apfel und Möhren in die Tunke geben, effektvoll auf Alfalfa anrichten und mit geröstetem Sesam bestreuen.

*Möhrensalat
auf
Alfalfasprossen*

Bunter Maissalat mit Alfalfasprossen

Zutaten pro Person:
1 EL Distelöl
1 EL Obstessig
1 Msp. Senf
Pfeffer, frisches
Basilikum, Knoblauch,
Thymian

40 g frischer, ganz
junger Mais
40 g roten Paprika, in
feine Streifen schneiden
1 EL Alfalfasprossen
20 g Schafskäse, in
Würfel geschnitten

Aus Öl, Essig, Senf und den
Gewürzen eine Sauce herstellen. Mais und feingeschnitte-
nen Paprika dazugeben. Alfalfasprossen leicht unterheben und den Salat mit Schafskäse dekorieren.

Bunter Maissalat mit Alfalfasprossen

Champignon-Delikatesse mit Alfalfasprossen

Zutaten pro Person:
*150 g frische, etwas
größere Champignons
40 g Butter
1–2 Zwiebeln
Knoblauch, Kräutersalz,
jeweils nur eine Spur
Liebstöckel, Muskatblüte,
Koriander
2 Eier
2 EL Alfalfasprossen
2 EL süße Sahne oder
etwas geriebenen Käse
Vollmeersalz, Pfeffer*

Champignons durch eine Raffel grob reiben. Butter in der Pfanne zergehen lassen. Die sehr fein geschnittene Zwiebel und die Gewürze dazugeben. Pilze dazu und in zugedeckter Pfanne bei kleiner Hitze garen.
Pfanne mit offenem Deckel so lange auf Feuer stehen lassen, bis Flüssigkeit verdampft ist.
Eier mit Alfalfasprossen und Sahne verquirlen. Mit Salz und Pfeffer abschmecken. Mischung über die Pilze gießen und so lange rühren, bis das Ei fest geworden ist.

Unser Tip Die Champignon-Delikatesse schmeckt auch hervorragend in Tomate gefüllt. Diese wird dann im Backofen gebacken.

Windbeutel, pikant gefüllt mit Sprossen und Keimlingen

Für den Brandteig:
*¼ l Wasser
2 Msp. Vollmeersalz
70 g Butter
150 g Weizenvollkornmehl, frisch gemahlen
3 Eier
1 gestr. TL Backpulver*

Teigzubereitung:
Wasser mit Butter und Salz im Topf aufkochen, von der Kochstelle nehmen und Mehl einrühren. Masse soll sich zu einem Kloß formen.
Die Masse im Topf ca. 1 Minute auf der Kochstelle unter Rühren erhitzen.
Man läßt die Masse nun etwas abkühlen und arbeitet vorsichtig nach und nach die Eier hinein, bis der Teig glatt und glänzend ist und sich nur schwer vom Löffel löst.
Zum Schluß gibt man das Backpulver dazu.

Auf ein leicht gefettetes Backblech werden nun mit 2 Eßlöffeln etwa 12 Teighäufchen gesetzt, die möglichst nicht verlaufen sollen und sofort in den vorgeheizten Ofen geschoben werden.
Die Backzeit beträgt bei 180–200°C etwa 30–40 Minuten. In den ersten 20 Minuten sollte die Ofentür nicht geöffnet werden, weil die Windbeutel sonst leicht zusammenfallen können.
Nach dem Erkalten werden die Windbeutel mit einem Sägeschliffmesser aufgeschnitten und gefüllt. Deckel wieder draufsetzen.
Während die Windbeutel backen, kann die Füllung zubereitet werden.

Füllung 1:
*100 g Gervais oder
Frischkäse
30 g Butter
1 EL Quark
Kräutersalz
1 EL gehackte Zwiebel
2 EL gekeimte Mungobohnen
2 EL Alfalfasprossen*

Käse, Butter und Quark gut verrühren, Sprossen und gehackte Zwiebel hineingeben, mit Kräutersalz abschmecken.

Füllung 2:

100 g Gervais
30 g Butter
1 EL Quark
Curry
1 kleine milchsaure
Gurke, würfeln
1 EL Weizen, gekeimt
1 EL Roggen, gekeimt
2 EL Kresse, etwas klein-
geschnitten

Den Käse mit der weichen Butter und dem Quark ver-rühren. Die Gewürze und die Keimlinge dazugeben.

Jede Füllung reicht für etwa 6–8 Windbeutel.

Unser Tip Die Wind-beutel las-sen sich ungefüllt sehr gut einfrieren. Kündigt sich überraschend Besuch an, sind sie schnell im Backofen aufgetaut.

Gebackene Kartoffeln mit Avocado-Sprossen-Dip

Zutaten für 1 Person:
300 g vorwiegend fest-
kochende Kartoffeln
(3 Stück)
½ reife Avocado
1 EL Zitronensaft
2 EL Crème fraîche
½ Tasse Alfalfasprossen
Salz, Pfeffer aus der
Mühle

Kartoffeln unter Wasser gründlich sauber bürsten, einzeln in Alufolie wickeln, die blanke Seite nach innen. Im vorgeheizten Backofen bei 220°C etwa 40 Minuten bak-ken. (Noch schneller geht es, wenn man in jede Kartoffel einen dicken Nagel steckt.)
Für den Dip die Avocado aushöhlen, das Fleisch zu-sammen mit Zitronensaft in eine hohe Rührschüssel ge-ben und pürieren. Crème fraîche, Gewürze und die Sprossen dazugeben.
Mit Alfalfasprossen garniert zu den heißen Kartoffeln rei-chen.

Unser Tip Dieses Re-zept ist reich an Eiweiß und fettlöslichen Vitaminen sowie Eisen und Cal-cium. Ideal als Gericht für Schwangere und Stillende.

Karottenmüsle mit Alfalfasprossen

Karottenmüsle mit Alfalfasprossen

Zutaten pro Person:
60 g Weizen, mittelgrob geschrotet
1 TL Zitronensaft
10 g gemahlene Haselnüsse
50 g geriebene Möhren
2 EL süße Sahne
¼ Banane, klein-geschnitten
2 EL Alfalfasprossen

Den geschroteten Weizen in Wasser ½ Stunde einweichen, dann die restlichen Zutaten untermischen. Dieses Rezept zeigt Ihnen, daß man Müsle auch mal anders zubereiten kann. Ebenso gut schmeckt es auch mit Rettichsprossen. Das Müsle wird mit einem Alfalfasprossenkranz, mit Karotten- und Zitronenscheiben garniert.

Rettich

Rettich wirkt hemmend auf das Wachstum von Bakterien, Hefe- und Schimmelpilzen. Er kann beispielsweise mit anderen Keimlingen zusammen im Keimgerät angesetzt werden. Der Rettich gibt dann eine zusätzliche Garantie für hygienisch frische Keimlinge und liefert gleichzeitig Vitamin A, B$_1$ und C sowie Eisen und Phosphor.

Rettichkeimlinge sind für ihren sehr scharfen Geschmack bekannt, sie werden daher nur sparsam mehr als Würzmittel eingesetzt. Sie gehören zur Familie des Senfs. Der angekeimte Rettich kann mit Wurzel und Blättchen als Gewürz zu Rohkostsalaten verwendet werden oder den Gewürzgetreideschroten zugesetzt werden.

REZEPTVORSCHLÄGE

Pikanter Gewürzgetreideschrot mit Rettichsprossen, gefüllt in Paprikaschote

Zutaten pro Person:
30 g Weizen, mittelgrob geschrotet
2 EL Rettichsprossen
1 EL süße Sahne
1 Msp. Senf
Cenofix, Pfeffer
½ grüne Paprikaschote

Geschroteten Weizen ½ Stunde in Wasser einweichen. Schrot mit Sprossen und Sahne verrühren, mit den Gewürzen pikant abschmecken. Diese herzhafte Masse in die halbierte Paprikaschote gefüllt, bereichert jede Rohkost.

Tomatenhälften, gefüllt mit Rettichsprossen

Zutaten pro Person:
1 Tomate, halbieren
1 TL Sonnenblumenöl
½ TL Obstessig
1 TL saure Sahne
Pfeffer, Liebstöckel, Petersilie
2 EL Rettichsprossen

Die halbierten Tomaten aushöhlen. Das Tomatenfleisch mit den Rettichsprossen und der Sauce aus Öl, Essig, saurer Sahne und Gewürzen gerührt vermischen. In die Tomatenhälften füllen, mit Petersilie garnieren.

Kartoffelsalat mit Gurke und Rettichsprossen

Zutaten pro Person:
250 g Kartoffeln
150 g Salatgurke
3 EL Rettichsprossen

Für die Sauce:
2 EL Sonnenblumenöl
1 EL Kräuteressig
4 EL Cenovis-Gemüsebrühe

Weißkrautsalat mit Senfsprossen, S. 87
Pikanter Gewürzgetreideschrot mit Rettichsprossen, gefüllt in Paprikaschote

1 EL Schnittlauch
evtl. etwas Knoblauch,
Kräutersalz und Pfeffer

Kartoffeln waschen und in der Schale kochen. Pellen und in feine Scheibchen schneiden. Gurke waschen und ebenfalls in kleine Würfelchen schneiden. Die Rettichsprossen und die Sauce dazugeben. Alles gut vermischen und kurz ziehen lassen.

Zucchini mit Rettichsprossen in pikanter Currysauce

Zutaten für 4 Personen:
1 kg Zucchini
500 g Tomaten
4 Zwiebeln
1 Knoblauchzehe
4 EL Sonnenblumenöl
2 TL Curry

1 Cenovis-Gemüsebrüh-
würfel
6 – 8 EL trockener Weiß-
wein
4 – 6 EL Rettichsprossen

Zwiebel grob würfeln. Knoblauch feinhacken. Beides in Öl goldgelb dünsten.
Zucchini gut waschen. Mit der Schale in dicke Streifen schneiden, zu den Zwiebeln geben, ca. 5 Minuten mitdünsten. Danach Wein und Brüh-

würfel zugeben und zugedeckt etwa 5 Minuten dünsten.

Tomaten achteln und zusammen mit den gut gewaschenen Rettichsprossen zugeben. Alles einige Minuten schmoren lassen.

Dazu schmeckt am besten ein in Butter geschwenkter Vollkornreis.

Nudeln in Rettich-Lauch-Sahnesauce

Zutaten für 4 Personen:
350 g Vollkornnudeln (Hörnchen)
300 g Lauch
10 g Butter
200 g Wasser
1 TL Hefe-Brühextrakt
1 EL frischgemahlenes Weizenvollkornmehl
3 EL Crème fraîche oder saure Sahne
3 EL gekeimte Rettichsprossen

Vollkornnudeln nach Vorschrift in Salzwasser kochen.

In der Zwischenzeit Sauce zubereiten. Gewaschener und kleingeschnittener Lauch in Butter ca. 5 Minuten dünsten. Wasser und Hefe-Brühe zugeben, ca. 5 Minuten bei kleiner Hitze weiterdünsten. Weizenmehl mit dem Schneebesen in die Soße einrühren, aufkochen, ca. 1 Min. köcheln lassen. Lauchsoße von der heißen Platte nehmen, Crème fraîche und Rettichsprossen unterrühren.

Zu diesem Gericht schmeckt ein Tomatensalat mit Mungosprossen am besten.

Senf

Senfkeimlinge haben eine starke Würzkraft. Sie eignen sich besonders als Gewürz für Rohkostsalate und pikante Getreideschrote.

Bei den Senfsprossen entwickeln sich an den Wurzeln kleine Faserwürzelchen. Diese Erscheinung ist hier besonders stark ausgeprägt. Auch hier handelt es sich nicht um Schimmel!

Senfkeimlinge zeigen eine gute Wirkung bei Hautkrankheiten und Ekzemen. Sie beeinflussen die Darmflora positiv und haben eine blutreinigende Wirkung.

Weißkrautsalat mit Senfsprossen

Zutaten pro Person:
100 g Weißkohl
2 EL Distelöl
1 EL Obstessig
1 EL Zitronensaft
Borretsch, Liebstöckel, Pfeffer, Cenofix
2 TL Senfsprossen
1 EL süße Sahne
¼ geriebener Apfel
1 Tomate

Aus Öl, Essig, Zitronensaft, Sahne und den Gewürzen eine Sauce rühren. Den Weißkohl in feine Streifen schneiden, mit dem geriebenen Apfel mischen, in die Sauce geben und etwas stampfen, ½ Stunde ziehen lassen. Mit Senfsprossen auf Tomatenscheibchen garnieren.

Weißer Chicorée-salat mit Senfsprossen

Zutaten pro Person:
1 TL Distelöl
1 EL Zitronensaft
Pfeffer, Paprika edelsüß
1 TL gekeimter Senf
1 Banane
100 g weißer Chicorée
1 EL süße Sahne

Vollkornnudelsalat mit Senf- und Rettichsprossen

Zutaten pro Person:
30 g Vollkornnudeln
1 Tomate
2 EL Rettichsprossen
1 TL Senfsprossen
1 kleine Paprika (rot oder grün)
100 g Salatgurke

Für die Sauce:
1 TL Öl
1 EL Essig
2 EL Gemüsebrühe
1 EL frische, gehackte Kräuter
1 TL milder Senf
Pfeffer, Cenofix

Nudeln nach Vorschrift kochen, abschrecken und abkühlen lassen.
Die Saucezutaten gut verrühren. Paprika und Gurke sehr fein würfeln und zusammen mit den gut gewaschenen Sprossen untermischen. Mit der Sauce verrühren und etwas ziehen lassen.

Aus Öl, Zitronensaft, Sahne und Gewürzen die Sauce rühren. Den Chicorée bündelweise in Rädchen schneiden. Zusammen mit der kleingeschnittenen Banane in die Sauce geben und gut vermischen.

Sauerkrautsalat mit Linsen- und Senfsprossen

Zutaten für 4 Personen:
400 g Sauerkraut
1 mittelgroße Zwiebel
1 TL Kümmel
2 mittelgroße Äpfel
4 EL kaltgeschlagenes Öl
1 EL Honig
4 EL Wasser
1 Msp. Basilikum
2 Tassen Linsensprossen
1½ EL Senfsprossen

Das Sauerkraut kleinschneiden, mit dem Kümmel bestreuen. Äpfel und Zwiebel klein würfeln und dazugeben. Öl, Wasser, Honig und Basilikum verrühren, über die Sauerkrautmasse geben und zugedeckt etwa 20 Minuten ziehen lassen. Die Linsensprossen sorgfältig einmengen, mit Senfsprossen bestreuen und servieren.

Unser Tip Keimen Sie die Senfkörner ruhig zusammen mit Getreide- oder Hülsenfrüchten an. Der würzige Geschmack paßt hier gut dazu. Außerdem wirken die vom Senfsamen abgegebenen ätherischen Öle im Keimgerät antibakteriell.

Eier in Sprossensauce

Zutaten für 4 Personen:
6 Eier
2 Tassen Alfalfasprossen
je 1 Bund Petersilie und Schnittlauch
4 gestr. EL Reformhaus-Mayonnaise
1 Becher Sanoghurt
1 EL Senfsprossen
1 gr. Prise Kräutersalz
weißer Pfeffer
3 EL steifgeschlagene Sahne
4 Tomaten
Alfalfasprossen zum Garnieren

Eier ca. 7 Min. kochen, kalt abschrecken und schälen. Eier an der Seite etwas mit dem Messer abflachen, damit sie nicht wegrollen, und auf einer Platte anrichten. Alfalfasprossen, Petersilie, Schnittlauch, Senfkeimlinge, Salz und Pfeffer in den Mixer geben und fein pürieren. Mayonnaise, Sanoghurt und steife Sahne unterheben. Gut verrühren. Die Eier mit der Sauce übergießen. Die Eierplatte mit Tomatenachteln und Alfalfasprossen garnieren.

Zwiebelsuppe mit Sprossen und Keimen

Zutaten für 4 Personen:
4 große Zwiebeln
2 EL Olivenöl
1 l Wasser
1 Cenovis-Brühwürfel
1 Prise Vollmeersalz
1 Bund Suppengemüse (Sellerie, Lauch, Möhren, Petersilie)
2 EL Weizenkeime
1 EL Senfsprossen

Die gescheibelten Zwiebeln in Öl dünsten. Wasser, Cenoviswürfel, Vollmeersalz und das sorgfältig gewaschene Gemüse beigeben. Zugedeckt leise kochen lassen. Danach die Suppe durch ein Sieb streichen.
Die Brühe wieder in den Topf geben, die Weizenkeime dazu, und einige Minuten ziehen lassen. In die vorgewärmte Schüssel gießen, mit den Senfsprossen und Schnittlauch garnieren.

Zucchini in Senf-sprossensoße

Zutaten für 4 Personen:
300 g Zwiebeln
700 g Zucchini
1 EL Öl
2 EL Senfsprossen
1 Becher süße Sahne
Cenofix, Basilikum, Oregano

Zwiebeln und Zucchini putzen und in halbe Scheiben schneiden, danach in dem Öl anbraten. Sahne mit Senfsprossen verrühren, zum Gemüse geben und bei geschlossenem Deckel 10 Minuten schmoren. Mit Cenofix und reichlich Basilikum und Oregano abschmecken.

Zu diesem Gemüse am besten Vollkornreis servieren.

Würziger Butter-aufstrich

200 g weiche Butter
1 Knoblauchzehe
1–2 EL Senfsprossen

Die Butter mit dem zerdrückten Knoblauch und den sehr feingewiegten Senfsprossen vermischen. Als Brotaufstrich oder als Beilage zu Pellkartoffeln bestens geeignet.

Sesam

Sesam ist eine seit alters her kultivierte Ölpflanze, über deren ursprüngliche Heimat man sich nicht ganz im klaren ist. Nach verschiedenen Auffassungen stammt die Pflanze aus dem tropischen Afrika bzw. Südostasien. Heute wird Sesam, der während der ganzen Vegetationsperiode ein sehr hohes Wärmebedürfnis hat, fast überall in den Tropen und Subtropen kultiviert.

Sesam gehört botanisch zur Familie der Pedaliaceae (Sesamgewächse). Die Früchte sind aufrechte, kantige und vierfächerige Kapseln. In ihnen reift der Sesam. In der bekannten Märchenformel „Sesam öffne dich", schwingt sicher etwas Wunschdenken mit, denn die Sesam-Kapseln öffnen sich von allein, wenn sie reif sind. Zum Leidwesen der früheren Sesambauern reiften die Kapseln zu sehr unterschiedlichen Zeiten, so daß es immer große Ernteverluste gab. Denn es war unmöglich, die einmal zu Boden gefallenen winzigen Samen wieder einzusammeln. Durch entsprechende Züchtung hat man heute platzfeste Kapseln und die Ernte kann ohne Verluste mit Maschinen durchgeführt werden.

So winzig die Samen sind, so wertvoll sind sie. Sie liefern ein wertvolles Speiseöl, das in geschmacklicher Hinsicht anderen Ölen nicht nachsteht. Der Ölgehalt der Samen beträgt bis zu 57 %. Das auf kaltem Wege aus den Samen gepreßte Öl ist hellgelb, geruchlos und besonders reich an der mehrfach ungesättigten Linolsäure. Zu 20 % bestehen die Samen aus Eiweiß, welches kombiniert mit Soja oder Reis einen hohen biologischen Wert hat. Sesam enthält außerdem unwahrscheinlich viel Calcium und Eisen: auf 100 g nämlich 1500 mg Calcium und 10 mg Eisen. Leider

kann das Calcium vom menschlichen Organismus nicht voll ausgenutzt werden, weil die äußere Schale des ungeschälten Sesamkornes gleichzeitig sehr viel Oxalsäure enthält, die Calcium bindet. Dies ist auch mit einer der Gründe, warum z. B. unsere Bäcker in erster Linie mit geschälten Sesamkörnern arbeiten.

Zum Keimen eignet sich nur der ungeschälte Samen. Der ohnehin bereits hohe ernährungsphysiologische Wert wird durch den Keimprozeß noch gesteigert. Wichtig! Sesam sollte nicht länger als 3 Tage keimen, da er seinen nussigen Geschmack leicht verliert und bitter wird. Ein 3–4maliges Wässern pro Tag ist wünschenswert.

Sesam-Sunflower-Sprossen in Sellerie-Rohkost

Zutaten pro Person:
3 EL rohe Vorzugsmilch
1 TL Limonensaft
80 g Sellerie
2 EL Sesamsprossen
1 EL Sonnenblumen-sprossen
½ Apfel
1 EL Haselnüsse

Milch und Limonensaft (ersatzweise Zitronensaft) in eine Schüssel geben. Geschälten Sellerie und den Apfel direkt in die Sauce fein hineinraspeln. Gehackte Nüsse und die Sprossen unterheben. Mit einigen Sprossen und Limonenscheibchen garniert servieren.

Sesamsprossen-Apfelmus

1 großer säuerlicher Apfel
8 Datteln
2 EL Sesamsprossen
etwas Zitronensaft

Apfel schälen, Kerngehäuse entfernen und achteln. Datteln entkernen, etwas kleinschneiden. Alles zusammen mit den Sesamsprossen und etwas Zitrone pürieren. Schmeckt gut als Beilage zu Kartoffelreibekuchen, als Dessert oder als Brotbelag. Das Brot dabei recht üppig bepacken und wegen der „Bissigkeit" mit zusätzlichen Sesamsprossen garnieren.

Unser Hinweis Von solchem Frisch-Frucht-Mus immer nur soviel zubereiten, wie auf einmal gegessen wird.

Gemüseallerlei mit Sesamsprossen-Klößchen

Zutaten für 4 Personen:
200 g junge frische Erbsen
200 g Brechbohnen
200 g Möhren
200 g Lauch
250 g Zucchini
40 g Butter
1 große Zwiebel
Vollmeersalz, Pfeffer aus der Mühle, Cenofix
Petersilie

Gemüse gut waschen, evtl. putzen, Möhren, Lauch und Zucchini in feine Rädchen schneiden. Die gehackte Zwiebel in der Butter andünsten, dann Erbsen, Bohnen, Möhren, Lauchringe und Zucchinischeibchen zugeben und etwa 15 Minuten dünsten. Mit den Gewürzen und der gehackten Petersilie abschmecken.

In der Zwischenzeit die Klöße zubereiten aus:
knapp ¼ l Milch
100 g feingemahlener Weizen
2 EL Sesamkeimlinge
1 Ei
100 g gerieb. Emmentaler
Vollmeersalz, Muskat

Milch zum Kochen bringen, Mehl, Sesamkeimlinge, Ei

und Käse zugeben und so lange rühren, bis sich der Teigkloß vom Topfboden löst. Mit Salz und etwas Muskat abschmecken.

Aus dem Teig mit zwei Löffeln kleine Klößchen abstechen und kurz in etwa 1 l kochendes, leicht gesalzenes Wasser geben. Ziehen lassen, bis sie oben schwimmen.

Das Gemüse nun auf Tellern mit den Sesamsprossen-Klößchen anrichten.

Sesamsprossen in Getreidefrikadellen auf Pilzsoße

Zutaten für 4 Personen:
250 g grob geschroteter Weizen
½ l Wasser
1 Lorbeerblatt
2 Eier
4 EL Sesamsprossen
Vollmeersalz, Pfeffer, Cenofix, Majoran, etwas Senf
1 Zwiebel
Petersilie

Den frischgemahlenen Weizenschrot ins Wasser einrühren und mit dem Lorbeerblatt ca. 15 Min. leise köcheln lassen. Dabei ständig umrühren. Lorbeerblatt entfernen. Etwas abkühlen lassen. Eier und Sesamsprossen unterkneten. Mit Gewürzen herzhaft abschmecken. Feingehackte Zwiebel und Petersilie dazugeben und gut unterkneten. Frikadellen formen und in Kokosfett in der Pfanne ausbacken.

Für die Pilzsauce:
40 g Butter
40 g feingemahlenes Weizenvollkornmehl
¼ l Gemüsebrühe
¼ l frische süße Sahne
1 Zwiebel
Pfeffer, Kräutersalz,
etwas Zitronensaft
150 g Champignons

Butter im Topf zergehen lassen, Zwiebelwürfel andünsten, Weizenmehl hinzufügen und kurz anschwitzen.

Mit der Gemüsebrühe langsam ablöschen und einige Male aufkochen lassen. Topf von der Feuerstelle nehmen, die Sahne unterziehen. Zum Schluß die geputzten, feingeriebenen Champignons unterheben. Mit Gewürzen und Zitronensaft fein abschmecken.

Die Sauce auf großen flachen Teller gießen. Die Getreidebratlinge darauf anrichten. Mit Scheiben von frischen Champignons und Petersilie sowie einigen Sesamsprossen garnieren.

Unser Tip Die fertig ausgebackenen Getreidefrikadellen können Sie auch gut mit Apfelscheiben, frischen Ananasscheiben oder halben Pfirsichen belegen und mit Käse überbacken. Mit einigen Sesamsprossen garniert, sind sie köstlich zum Salatteller.

Sonnenblumenkerne

Die Sonnenblume gehört botanisch zu den Korbblütlern. Ihre Heimat ist Nordamerika, aber auch im Süden und Westen Amerikas waren ihre Körner bei den Indianern ein beliebtes Nahrungsmittel. Nachdem sie von spanischen Kolonialisten nach Europa gebracht wurde, entwickelte sich die Sonnenblume zur zweitwichtigsten Ölpflanze der Welt.

Der Nährstoffgehalt von Sonnenblumenkernen ist sehr hoch. Sie enthalten 20 – 40 % Eiweiß mit allen essentiellen Aminosäuren, 40 – 65 % Fett mit über 90 % mehrfach ungesättigten Fettsäuren und Kohlenhydrate. Die Kerne sind reich an Eisen, Kupfer, Phosphor, Kalium und Magnesium sowie zahlreichen Spurenelementen. Sie enthalten große Mengen der B-Vitamine und der Vitamine A und E.

Leider spielten die Sonnenblumenkerne in unseren Haushalten lange Zeit nur als Vogelfutter eine Rolle. Mit dem gestiegenen Ernährungsbewußtsein wurde sie aber vor allem in der Vollwertkost und in der Vollkornbäckerei neu entdeckt.

Die Sonnenblumenkerne, die in unseren Breiten wachsen, haben meist mittelgroße Kerne, die sich nur recht mühsam schälen lassen. Die Kerne, die ohne Schalen im Handel sind, werden auf mechanische Art und Weise geschält. Mit großer Wucht werden sie durch rotierende Scheiben gegen Metallplatten gedrückt, so daß die Schalen aufplatzen. Mit Druckluft entfernt man dann die Schalen von den Kernen. Bei diesem Schälprozeß wird ein großer Teil der Kerne verletzt, und damit auch der Keimling. Darum ist es sehr wichtig, zum Keimen wirklich nur beste Qualität mit möglichst wenig Bruch zu verwenden.

Mit gekeimten Sonnenblumenkernen können Sie fast jedes Müsle und alle Rohkostsalate bereichern. Auch im Brot bringen sie einen feinen, nußartigen Geschmack. Aber Achtung. Keimen Sie die Kerne nur ganz kurz an, etwa 1–2 Tage, sonst werden sie leicht bitter.

Sprossen-Kraut-Salat

Zutaten für 4 Personen:
2 EL Weizenkeimlinge
2 EL Linsensprossen
4 EL Sonnenblumenkern-sprossen
2 EL Kresse
200 g Sauerkraut
200 g Feldsalat
2 Äpfel
2 frische Ananasscheiben
2 EL gehackte Haselnüsse

Für die Sauce:
5 EL Sauerkrautsaft
3 EL Apfelsaft
3 EL süße Sahne
Cenofix, Kräutersalz, wei-ßer und schwarzer Pfeffer
1 Knoblauchzehe

Sauce aus den angegebenen Zutaten zubereiten und abschmecken. Sauerkraut etwas klein schneiden und Feldsalat, Ananaswürfel und Apfelwürfel sowie Sprossen unterheben. Salat portionsgerecht in kleine Schüsselchen füllen. Sauce über den Salat gießen. Haselnüsse darüberstreuen. Mit Feldsalat und Ananas verziert servieren.

Möhrensalat mit Sonnenblumensprossen

Zutaten für 4 Personen:
500 g Möhren
2–3 milchgesäuerte Gürkchen
1 mittelgroße Zwiebel
2½ EL Sonnenblumensprossen
3 EL frisches Leinöl oder Sonnenblumenöl
3 EL Zitronensaft
4 EL Mineralwasser
Kresse für die Garnitur

Die Möhren fein raspeln, die Gürkchen in kleine Würfel schneiden. Zusammen mit der feingewiegten Zwiebel und den Sonnenblumensprossen in einer Schüssel vermengen.
Die Saucenzutaten verrühren, über den Salat gießen und ca. 20 Minuten durchziehen lassen. Mit Kresse oder Petersilie garnieren.

Sonnenblumensprossensalat

Zutaten für 4 Personen:
1 EL Erdnußmus
1 Becher Bioghurt
1 EL Zitronensaft
½ TL Kräutersalz
1 Prise Pfeffer
1 großer, säuerlicher Apfel (z. B. Boskop)

1 große Zucchini
2 Möhren
125 g Weißkraut
6–8 EL Sonnenblumensprossen

Aus Erdnußmus, Joghurt, Zitronensaft, Salz und Pfeffer eine Salatsauce anrühren.
Apfel, Zucchini und Möhren grob raffeln, das Weißkraut hobeln. Alles gut mit der Sauce vermischen.
Sonnenblumensprossen zugeben, Salat nochmals mit Zitronensaft und Kräutersalz abschmecken.

Quark-Öl-Creme zu Folienkartoffeln

4 EL Magerquark, evtl. mit etwas Buttermilch glattrühren
4 EL kaltgeschlagenes Öl
4 EL Sonnenblumenkeimlinge
4 EL frischgehackte Kräuter (Petersilie, Schnittlauch, Liebstöckel)
etwas Kräutersalz

Alle Zutaten miteinander vermischen und mit etwas Kräutersalz abschmecken. Dazu reichen Sie Folienkartoffeln.

Obst- und Gemüse-säfte mit Keimen und Sprossen

Gemüsesäfte:

Tomaten-, Karotten-, Rote-Bete-, Sellerie-, Sauerkraut- oder auch andere Gemüsesäfte lassen sich mit folgenden Sprossen gut verarbeiten:

- Alfalfasprossen
- Linsensprossen
- Bockshornkleesprossen
- Kresse
- Sonnenblumenkernen

Die Zutaten in einen Mixer geben, sehr gut vermischen und stets kalt servieren.

Vitalstoffreicher kann ein Gemüsecocktail kaum sein!

Obstsäfte:

Orangen-, Apfel-, Trauben-, Aprikosen-, Birnen-, Mandarinen- oder andere Obstsäfte mit gekeimten Sonnen- oder Kürbiskernen im Mixer sehr gut vermischen. Sie können je nach Geschmack mit den Mengen experimentieren.

Die Kraft Deines Körpers
liegt in den Säften der Pflanze!

(Shing-nong, 3700 v. Christus)

Das Grünkraut

Was ist unter Grünkraut zu verstehen?

Samen, die ab dem 8. Tag bis zum 12. Tag der Keimung geerntet werden und die mit Hilfe des Sonnenlichtes reichlich Chlorophyll gebildet haben, bezeichnet man als Grünkraut. Die Grünkrautzucht ist vor allem bei Samen interessant, die von harten Spelzen umgeben sind, und die für den sofortigen Verzehr oder fürs Keimen erst entspelzt werden müssen. Bei diesem Entspelzungsprozeß werden aber die Samen leider oft beschädigt, so daß sie an Keimfähigkeit einbüßen und für die Sprossenzucht ungünstig sind. Diesen Samen läßt man am besten zu Grünkraut wachsen.

Hierzu werden die Samen mit der Schale vorgekeimt und dann in ein spezielles „Grünkraut-Keimgerät" (z. B. Bio-snacky Hydro 12) oder aber in feuchte Erde gegeben. Bei den bespelzten Samen wie Gerste, Hirse oder Sonnenblumenkernen sprengt der junge Trieb die Schale und wächst aus ihr heraus. Je nach Sorte können die jungen Pflänzchen dann nach 8–12 Tagen geerntet werden. Sind sie in Erde aufgezogen, werden die jungen Triebe mit einer Schere knapp über der Erde abgeschnitten, zu Salat serviert, gehackt oder zerstampft als Kräutersaft zubereitet.

Die im speziellen Hydro-Keimgerät gezogenen Pflänzchen können samt Wurzel verspeist werden. Beim Getreidegras (Weizen, Roggen, Gerste und Hafer) ist es allerdings ratsam, das Gras dicht über der Wurzel abzuschneiden und diese nicht mitzuessen. Aber die Wurzelreste sind zu schade zum Wegwerfen. Sie gehören auf den Komposthaufen.

Grünkraut und Gesundheit

Kräuter sind seit jeher etwas Besonderes. Sie verleihen unseren Speisen nicht nur einen unverwechselbaren Geschmack, sondern sie entfalten bedingt durch ihren hohen Gehalt an Vitalstoffen auch medizinische Eigenschaften. Würzkräuter wurden schon immer auch als Heilmittel gebraucht. Ja, man schrieb ihnen teilweise sogar wunderwirkende Kräfte zu; sie wurden zum Zaubern verwendet und den Göttern als Opfergaben dargebracht. Bei der Zubereitung zahlreicher Zauber- und Liebestränke konnte die Menschheit die Kräuter nicht entbehren.

Mit der Grünkrautzucht haben wir heute die Möglichkeit, Pflanzen auch als Heilmittel einzusetzen, wiederentdeckt. Neben den zahlreichen Vitalstoffen, die wir schon im Kapitel der Keime und Sprossen ausführlich besprochen haben, ist es vor allem der grüne Farbstoff, das Chlorophyll, welches das Kraut für uns so interessant macht.

Die Menschheit weiß seit Urzeiten um die heilende Wirkung des grünen Blattfarbstoffes und bis heute bemüht man sich redlich, hinter sein Geheimnis zu kommen. Erst im Jahre 1915 konnte der grüne Farbstoff, das Chlorophyll, erstmalig isoliert werden. Man war äußerst überrascht, wie sehr dieser Farbstoff unserem roten Blutfarbstoff ähnelt. Sie sind in ihrem Molekülaufbau fast gleich, unterscheiden sich lediglich durch ihr Zentralatom. Dies ist beim Blutfarbstoff, dem Hämoglobin, das Eisen, und im Blattgrün das Magnesium. Dies erklärt auch die hervorragenden Auswirkungen des Blattgrüns auf unser Blutbild und damit letztendlich auf unsere Gesundheit. Für die Vermutung, daß Chlorophyll blutbildende Eigenschaften besitzt, fehlt allerdings noch die wissenschaftliche Grundlage. Eines ist aber sicher: „Grün ist Leben!" Chlorophyll bildet mit Hilfe des Sonnenlichtes aus dem Kohlendioxid der Luft und aus Wasser Stärke. Bei diesem Prozeß, der sogenannten Photosynthese, werden anorganische Stoffe in organische umgewandelt. Energie wird in Form von Kohlenhydraten gespeichert, für uns lebensnotwendiger Sauerstoff wird an die Umgebung abgegeben. Die Pflanzen fangen für uns die Sonnenenergie ein!

Dem Chlorophyll konnten bislang hervorragende Auswirkungen auf den menschlichen Organismus nachgewiesen werden. So wirkt der grüne Blattfarbstoff:

- blutreinigend
- entzündungshemmend
- desinfizierend
- je nach Dosierung entweder blutdrucksenkend oder blutdrucksteigend
- entkrampfend
- entgiftend.

Die Erfahrungsmedizin lobt bereits seit Pythagoras (um 580–500 v. Chr.) die Wirkungen des grünen Blattes. Auch heute wird der grüne Saft in der Natur- und Erfahrungsheilkunde mit Erfolg bei eitrigen Entzündungen, Magengeschwüren, Arteriosklerose und Bauchfellentzündungen eingesetzt.

Im frischen Grünkraut finden sich überdies wertvolles Protein, Vitamine, Mineralien und Enzyme. Vor allem Bitterstoffe und ätherische Öle ergänzen das Chlorophyll noch in seiner Wirkung. Wir sollten auf diese lebenswichtigen Essenzen, die unseren Stoffwechsel fördern und somit vor allem Zivilisationskrankheiten entgegen wirken, auf keinen Fall verzichten. Also, auf zur Grünkrautzucht!

Die Grünkrautzucht mit dem Bio-snacky Hydro 12

Dieses speziell entwickelte Gerät zur Zucht von Grünkraut wurde für alle diejenigen entwickelt, die ihr Kraut mühelos ohne großen Arbeitsaufwand züchten wollen.

Das Hydro-Gerät besteht aus 3 Teilen

- Deckel
- Pflanzschale
- Wasserschale

Im Boden der Pflanzschale befinden sich viele kleine Öffnungen, die es den wachsenden Wurzeln ermöglichen, in die Wasserschale vorzudringen, um sich dort mit dem notwendigen Wasser zu versorgen. In die dunkelgrün getönte Wasserschale wird Wasser nach Vorschrift eingefüllt. Wie im Erdreich bekommen also auch hier die Wurzeln ein gedämpftes Licht. Der stark gewölbte Deckel sieht einer Kuppel ähnlich. Er sorgt für einen optimalen Lichteinfall und das Grünkraut findet hier genügend Platz, sich voll zu entfalten.

Die an der Seite und im Deckel befindlichen Öffnungen sorgen für eine ideale Luftzirkulation, die sehr wichtig ist. Denn ebenso wie Keime und Sprossen braucht auch Grünkraut neben Wasser, Licht und Wärme unbedingt ausreichend Sauerstoff. Im Gerät herrscht bald nach der Bestückung mit den vorbereiteten Samen ein reger Kreislauf. Durch die von den Pflänzchen erzeugte Wärme und über deren Blattoberfläche verdunstet das Wasser. Als Kondensat schlägt es sich am Gerät, vor allem am Deckel nieder und tropft wieder langsam auf die Pflänzchen herab. Es regnet!

Und so ziehen wir unser Grünkraut

● Wer bereits das klassische Bio-snacky besitzt, kann hier seine Samen für die spätere Aufzucht im Hydro-Gerät optimal vorbereiten, indem er sie dort etwa 3 Tage lang ankeimt. Dieses Vorkeimen im Bio-snacky ist nur bei sehr kleinen Samen wie z. B. Alfalfa notwendig. Gibt man diese gleich ins Hydro-Gerät, dann verstopfen uns die kleinen Samen leicht die Öffnungen in der Pflanzschale. Größere Sämereien, wie z. B. Getreide, können gleich ins Hydro-Gerät gegeben werden.

● Nun werden die für das Grünkraut gedachten Samen in die Pflanzschale gegeben. Es können auch verschiedene Samen gleichzeitig nebeneinander gegeben werden. Aber nicht zu dicht! Das Kraut braucht Platz.

● In die Wasserschale wird nun Wasser eingefüllt.

● Jetzt wird der Deckel aufgesetzt und wir stellen unser kleines Gewächshaus an einen hellen Platz. Bitte nicht direkt in die pralle Sonne.

● Wer nun fleißig gießt, etwa 1 bis 2 mal pro Tag, wird bald sein Grünkraut ernten können. Zum Gießen wird das Gerät unter den Kaltwasserhahn gehalten. Der Wasserstrahl soll direkt auf die Öffnung im Deckel treffen. Auf diese Weise läuft das Wasser langsam ab und gießt die jungen Pflänzchen.

● Damit das Wasser in der Wasserschale nun nicht überschwappt, läßt man das überschüssige Wasser durch Schrägstellen des Gerätes ablaufen.

● Bei der Ernte, je nach Kraut etwa nach 8 bis 12 Tagen, ziehen wir die Pflänzchen vorsichtig mit der eßbaren Wurzel heraus. Das Hydrogerät hat den Vorteil, daß man auch die Würzelchen, die keineswegs vitalstoffarm sind, mitessen kann. Ausnahme: die Wurzeln des Getreidegrases.

Wichtig! Achten Sie bei der Reinigung des Gerätes darauf, daß es wirklich peinlich sauber ist, sonst besteht die Gefahr von Schimmelbildung.

Das Ziehen des Grünkrautes in Erde

Diese Methode ist etwas arbeitsintensiver. Aber die Mühe lohnt! Wir benötigen dazu

● Humuserde

● eine Pflanzschale oder kleine Gemüsekistchen aus Holz

● dunkle Plastikfolie (Plastikbeutel) oder ein Deckel

● Gießkanne und Blumensprühflasche

Und so wird es gemacht

1. Einen Kasten (Pflanzschale oder Kiste) mit guter Humuserde füllen.

2. Die Erde gut anfeuchten. Es dürfen jedoch keine Pfützen stehen. Zu feuchte Erde begünstigt Schimmel.

3. Die Samen bzw. Körner sind bereits vorbereitet. Sie wurden über Nacht in Wasser eingeweicht.
Nun werden die vorgequollenen Samen

auf der angefeuchteten Erde gleichmäßig und schön dicht verteilt.

4. Mit einem Stück dunkler Plastikfolie, Plastikbeutel oder einem geeigneten Deckel decken wir das Ganze etwa 3 bis 4 Tage zu. Der Deckel sollte nicht 100%ig dicht sitzen, denn die jungen Triebe benötigen neben Wärme (optimal sind etwa 20°C) und Feuchtigkeit auch Sauerstoff.
Die Erde in unserem „Mini-Treibhaus" morgens und abends vorsichtig mit einer Sprühflasche leicht befeuchten.

5. Nach etwa 3 Tagen nehmen wir die Abdeckung weg und stellen das junge Kraut ans Licht. Achtung, auch hier direkte Sonnenbestrahlung vermeiden. Das Kraut weiterhin morgens und abends anfeuchten.

6. Je nach Sorte des Grünkrautes können wir nach etwa 8 bis 10 Tagen ernten. Dazu zieht man die jungen Triebe vorsichtig, möglichst mit Wurzeln, aus der Erde. Bei den Getreiden wie Weizen, Roggen, Gerste und Hafer ist die Wurzelbildung immens. Außerdem haben die Wurzeln einen etwas faden und holzigen Geschmack. Hier sollten Sie die Halme entweder mit der Schere oder einem sehr scharfen Messer dicht über der Wurzel abschneiden.

Neben den beiden beschriebenen Methoden im Hydro-Gerät und in der Erde gibt es auch noch die Möglichkeit, Grünkraut auf Vliespapier zu züchten. Hier ist es jedoch sehr schwierig, den Untergrund gleichmäßig feucht zu halten. Mal ist er zu naß, mal zu trocken. Dies nehmen die jungen Pflänzchen übel und gedeihen nicht so wie man sich das vorstellt.

Mißerfolge in der Grünkrautzucht

Falls sich bei den vorher beschriebenen Methoden doch einmal Schimmel im Grünkraut breit machen sollte, gibt es nur eines: Grünkraut wegwerfen und die Geräte sorgfältig reinigen! Hydro-Gerät evtl. mit Essigwasser auswaschen.

Probieren Sie das Ganze noch mal! Es ist noch kein Grünkrautgärtner vom Himmel gefallen. Vielleicht klappt's beim zweiten Anlauf. Beachten Sie dabei folgendes

● Für die Grünkrautzucht bitte nur hochkeimfähigen Samen verwenden. Er sollte ungebeizt und nicht chemisch behandelt sein.

● Riskieren Sie während der Ankeimung in Erde in den ersten 3 Tagen ruhig hin und wieder einen Blick. Eventuelle „Blindgänger", Samen, die nicht keimen, dann gleich entfernen. Sie werden leicht von Schimmel befallen.

● Achten Sie besonders in der warmen Jahreszeit darauf, daß Ihr kleines Treibhaus nicht zu warm steht.

● Durchzug vermeiden! Jedoch auf ausreichende Luftzufuhr achten. Bei der Zucht in Erde eventuell einige Luftlöcher in die Abdeckfolie schneiden.

● Vermeiden Sie zuviel Nässe, insbesondere bei der Aufzucht in Erde und auf Vlies.

● Achten Sie bei der Aufzucht in Erde auf die Qualität des Bodens. Keine verbrauchte und infizierte Erde nehmen!

Welche Samen eignen sich am besten für die Weiterzucht zum Grünkraut?

Am einfachsten zum Wachsen zu bringen sind:	Einweichzeit über Nacht in Std.	Dunkelstellen in Tagen nur bei Anzucht in Erde	Die beste Erntezeit nach Tagen
Alfalfa	8–10	2–3	7–8
Bockshornklee	8–10	2–3	8
Gerste	10	3	8–12
Hafer	–	3	8–12
großblättrige Kressearten	–	2–3	7–8
Rettich	8	2–3	7–8
Roggen	10–12	3–4	8–12
Senf	8–10	2–3	8–10
Sonnenblume	12	3–5	8–12
Weizen	10–12	3	8–12

Achtung! Nicht alle Samen eignen sich zur Anzucht zum Grünkraut. Geschmacklich sehr gut und einfach zu ziehen sind die obengenannten Samen.

Wer das Glück hat, einen eigenen Garten zu besitzen, hat auch die Möglichkeit, sein Saatgut für Küchenkräuter selber zu gewinnen. Einige Gewürzkräuter eignen sich sehr gut für die Grünkrautzucht in Erde, z. B. Zitronen-Melisse, Liebstöckel, Borretsch. Andere Gewürzkräuter wie z. B. Petersilie und Bohnenkraut brauchen bis zur Keimung etwa 14 Tage.

Auch Gemüsesamen wie Brokkoli, Kohlrabi und Endivien können zur Grünkrautzucht verwendet werden. Vorausgesetzt der Samen hierzu stammt aus dem eigenen Garten und ist unbehandelt.

Noch einige wichtige Tips für die Weiterzucht zum Grünkraut

● Kresse brauchen Sie vor dem Aussäen in Erde und auch im Hydrogerät nicht einzuweichen bzw. vorzukeimen. Damit die kleinen Samen aber die Öffnungen in der Pflanzschale nicht verstopfen, legen wir diese am besten mit Fließpapier aus (das gilt für alle kleinen Samen). Erkundigen Sie sich im Fachhandel. Für die Zucht von Grünkrautkresse eignen sich besonders großblättrige Arten. Im Hydrogerät können wir entweder die Kresse samt Würzelchen ernten oder wir schneiden nur die Blättchen mit der Schere ab und können bald ein zweites Mal ernten.

● Sonnenblumenkerne brauchen recht lange zum Ankeimen und sollten bis zu 5 Tagen dunkel stehen. Feuchten Sie die jungen Triebe reichlich an, bis zu 4mal am Tag. Für die Grünkrautzucht verwenden wir nur ungeschälte Sonnenblumenkerne. Samenhüllen, die bei der Ernte noch nicht abgefallen sind, lassen sich leicht durch Schwenken in reichlich Wasser abspülen.

REZEPTVORSCHLÄGE
für die Grünkrautküche

Alfalfa- und Rettichgrün in Sahnesauce

Zutaten für 4 Personen:
4 Schalotten, feingehackt
30 g Butter
1 Handvoll Alfalfagrün
1 Handvoll Rettichgrün
¼ l süße Sahne
⅛ l frische Milch
3 EL Parmesankäse, feingerieben
Kräutersalz, schwarzer Pfeffer, etwas frisch gepreßten Zitronensaft

Schalotten in Butter glasig dünsten. Alfalfa- und Rettichgrün gründlich spülen, etwas klein schneiden, kurz mitdünsten. Dann Sahne, Milch und Käse einrühren. Sauce mit Kräutersalz, Pfeffer und Zitrone abschmecken. Die Sauce schmeckt besonders gut zu Reis- und Kartoffelgerichten.

Bockshornklee-kraut unterm Reissalat

Zutaten für 4 Personen:
150 g Vollkornreis (Langkorn)
½ TL Currypulver
ca. ¼ l Gemüsebrühe
2 Zwiebeln, feingehackt
Vollmeersalz, schwarzer Pfeffer
2 EL Obstessig
4 EL Paprikaöl
100 g Champignons
1 Zitrone
200 g Zucchini
2 Tomaten
4 Handvoll Bockshorn-kleekraut

Reis waschen, in der Gemüsebrühe mit dem Curry etwa 40 Minuten bei kleiner Flamme garen. Gegen Ende der Kochzeit die Zwiebeln zugeben und kurz mitgaren.
Aus Paprikaöl, Salz, Pfeffer und Essig eine Sauce herstellen. Pilze putzen, in Scheibchen schneiden, sogleich mit Zitronensaft beträufeln. Zucchini waschen, grob raspeln, Tomate würfeln und zusammen mit den Pilzen und dem abgekühlten Reis unter die Salatsauce geben.
Das frisch geerntete Bockshornkleekraut gut waschen, eventuell noch etwas kleinschneiden. Teller damit auslegen und Reissalat darauf anrichten. Mit Champignonscheibchen und etwas Bockshornkleekraut garnieren.

Unser Tip Paprikaöl für pikante Salate und chinesische Gerichte können Sie leicht selber herstellen. Dazu frische Paprika in feine Scheibchen schneiden und mit kaltgepreßtem Distelöl übergießen. An einem dunklen, kühlen Ort zugedeckt einige Tage stehen lassen. Das abgeseihte Öl hat einen pikanten Geschmack. Die abgetropften Paprikastücke können als würzende Beigabe unter Salate gemischt oder anderen Gerichten zugesetzt werden.

Pikantes Kresse-Müsle

Zutaten für 4 Personen:
1 EL Sonnenblumenöl
2 EL Quark
4 EL saure Sahne
2 Orangen
4 Tassen Kressekraut
8 EL Getreidekeimlinge, z. B. Weizensprossen
Kräutersalz

Öl mit Quark und saurer Sahne verrühren. Die Orangen schälen, vierteln und kleinschneiden. Das frisch geerntete Kressekraut gut waschen, abtropfen lassen und kleinschneiden. Die Getreidekeimlinge gut waschen, abtropfen lassen.
Alles unter den Quark mischen. Mit etwas Kräutersalz abschmecken.
Dieses pikante, sehr Vitamin-C-reiche Müsle schmeckt auch sehr gut zu einer Rohkostplatte.

Senfgrün-Sandwiches nach Frühlingsart

Zutaten pro Person:
1 Scheibe Vollkorn-Toastbrot
etwas Butter
½ gekochtes Ei
3 Scheiben Tomaten
1 feingeschnittenes Radieschen
1 Büschel Senfgrün
Salatblätter

Vollkornbrot leicht toasten, mit Butter bestreichen. Mit Tomatenscheiben, Ei- und Radieschenscheiben belegen. Mit gehacktem Senfgrün krö-

nen und auf grünem Salat-
blatt anrichten.

Gerstengrassuppe

Zutaten für 4 Personen:
*4 EL Gerste, nicht ganz
fein vermahlen
1 l Gemüsebrühe
Vollmeersalz
1 Prise Anis und Fenchel
Muskat, frisch gerieben
⅛ l süße Sahne
1 Handvoll Gerstengras*

Die frisch gemahlene Gerste
im heißen Topf ohne Fett einige Minuten leicht anrösten.
Dabei ständig rühren.
Die Gemüsebrühe dazuge-
ben, unter ständigem Rühren
aufkochen lassen. Topf vom
Herd nehmen und die Gerste
etwas nachquellen lassen. Mit
den Gewürzen abschmecken,
fast steifgeschlagene Sahne
unterziehen. In Suppentassen füllen und mit sehr fein
geschnittenem Gerstengras
bestreut servieren.

Kräutersoße mit Hafer- und Roggengras

*Jeweils 1 kleines Büschel
Hafergras
Roggengras
Petersilie
Kerbel
Pimpernelle
Sauerampfer
Borretsch
2 hartgekochte Eier
1 Gewürzgurke
1 Zwiebel
1 EL Senf
Saft einer halben Zitrone
100 g Bioghurt
100 g Mayonnaise oder
Créme fraîche
etwas Vollmeersalz*

Die Kräuter und das frisch
geerntete Gras gründlich waschen, gut abtropfen lassen
und sehr, sehr fein schneiden.
Eier, Zwiebel und Gurke in
kleine Würfel schneiden. Alles gut mit Senf, Joghurt und
Mayonnaise verrühren. Mit
etwas Salz abschmecken. Reichen Sie zu dieser vitalstoff-
reichen Kräutersoße am besten Pellkartoffeln.

Sonnenblumen- grün im Sprenkelquark

Zutaten für 4 Personen:
*500 g Quark
1 rote Paprikaschote
1 gelbe Paprikaschote
1 grüne Paprikaschote
2 Handvoll Sonnen-
blumengrün
einige Radieschen
Vollmeersalz, Petersilie,
Pfeffer*

Quark durch ein Sieb streichen, Paprika in feine Streifchen schneiden, Petersilie
und Sonnenblumengrün fein
hacken. Alles gut vermischen.
Mit etwas Salz und Pfeffer abschmecken.
Schmeckt sehr gut als pikanter Brotaufstrich oder zu Pellkartoffeln.

Weizengras-Saft

Viele pflanzenfressende Tiere ernähren sich ausschließlich von Gräsern. Wer von Ihnen hat nicht schon einmal beobachtet, wie Katzen oder Hunde auf der grünen Wiese nach Grashalmen schnappen. Leiden sie an Geschmacksverirrung? Nein, sicher nicht. Fleischfresser nehmen instinktiv Gräser zu sich, wenn sie krank sind. Wissen die Tiere um die Schutz- und Heilwirkung des grünen Saftes?

Diese Beobachtung aus der Tierwelt veranlaßte Wissenschaftler in allen Erdteilen, sich mit dem Thema „Gräser" zu befassen und die Auswirkungen des „grünen Saftes" zu erforschen.

Am besten erforscht ist heute der Weizengrassaft, mit dem die amerikanische Wissenschaftlerin Dr. Ann Wigmore seit mehr als 30 Jahren experimentiert. Sie entdeckte, daß gerade der Weizen in der ersten Zeit seines Wachstums gesundheitsfördernde Eigenschaften besitzt, bedingt durch seinen extrem hohen Enzym-, Vitamin-, Chlorophyll- und Eiweißgehalt. Nach Forschungen von Ann Wigmore und Viktoras Kulvinskas liegt vor allem im Weizengrün die höchste Heilwirkung des Chlorophylls.

Auch hier sind uns die Amerikaner bereits einen Schritt voraus. Frisch gepreßter Grassaft kann dort bereits käuflich erworben werden. Er wird vor allem für Therapiezwecke eingesetzt. Hier die wichtigsten Auswirkungen des Grassaftes auf den menschlichen Organismus:

- Aktivierung von Enzymen im menschlichen Blut
- Verbesserung des Blutbildes insgesamt
- positive Beeinflussung des Säure-Basen-Verhältnisses
- entgiftende und verjüngende Wirkung
- kosmetische Wirkung auf Haut, Haare und Nägel

Neben der oralen Einnahme wird der Grassaft auch äußerlich angewendet, z. B. bei eitrigen Wunden durch Betupfen der kranken Körperstelle.

Die Gewinnung

So mühsam das Auspressen des Saftes auch sein mag, beachten Sie bitte: Nie auf Vorrat pressen! Der Weizengrassaft sollte immer frisch gepreßt sein. Bedingt durch seinen hohen Enzymgehalt verdirbt er außerordentlich schnell. Zum Pressen gibt es im Fachhandel spezielle Graspressen. Wer sich die Ausgabe sparen möchte, kann das Gras zunächst klein schneiden und im Mixer mit ein wenig Wasser musig schlagen. Danach wird der Saft durch ein feines Sieb oder ein Tuch gedrückt. Es wird nur der Saft verwendet, den Preßrückstand auf den Kompost werfen. Wer diese Arbeit scheut, der kann auch öfters am Tag junges Weizengras kauen und die dabei zurückbleibenden Fasern ausspucken. Junges Gras kann feingeschnitten auch als Würze ähnlich wie z. B. Schnittlauch zu Rohkostsalaten und Suppen verwendet werden.

Die Anwendung:

Weizengrassaft wird wie eine Arznei nur in sehr kleinen Mengen, entweder pur (allerdings nicht jedermanns Geschmack) oder auch verdünnt mit frischen Obst- und Gemüsesäften oder mit Wasser getrunken. Zu Anfang beginnt man mit etwa 1 Teelöffel ca. ½ Std. vor der Mahlzeit. Allmählich kann die Menge dann bis auf 80 ml gesteigert werden.

Enzym-Vitamin-Trunk

1 EL Grassaft, frisch-gepreßt
8 EL Karottensaft, frisch-gepreßt

ergibt eine ½ Tasse oder 80 ml Flüssigkeit.

Bezugsquelle für Graspressen:

Firma Biokosma
Postfach 5509
7750 Konstanz 12

Bezugsquellen für Bio-snacky Hydro 12:

Naturkostläden, Reformhäuser oder direkt per Versand bei
Schnitzer GmbH & Co. KG
Feldbergstraße 11
D-7742 St. Georgen/Schwarzwald

Quellennachweis

Billen-Girmscheid, Schmitz: „Das Öko-Lexikon unserer Ernährung", Krüger-Verlag

Bio-snacky Hydro 12: Gebrauchsanweisung der Firma Biokosma GmbH, Konstanz

Brandner, D. Dr.: „Richtlinien für eine gesündere Ernährung", ohne Verlagsangabe

Bustorf-Hirsch, Maren: „Keime und Sprossen in der Naturküche", Falkenverlag, 1988

Cross Whyte, Karen: „The complete sprouting cookbook", Troubador Press, San Francisco

Günther, Winfried: „Lebensbuch – Biologische Ernährung von A–Z, Verlag Bruno Martin, Südergellersen

Huth, K. und Kluthe, R: „Lehrbuch der Ernährungstherapie", Georg-Thieme-Verlag, Stuttgart, 1986

Jauker, Fr. Prof. Dr.: „Das Wunder aus dem Hahn: flüssiges Wasser", in UGB-Forum, Heft 3/1987, S. 102

Kollath, Prof. Dr. Werner: „Die Ordnung unserer Nahrung", Haug-Verlag, Heidelberg, 1981

Kulvinskas, Viktoras: „Leben und Überleben" – Kursbuch ins 21. Jahrh., Hirthammer-Verlag, München, 1980

„Lexikon der Küchen- und Gewürzkräuter", Nova-Part-Verlag, München

Meier-Ploeger, Prof. Dr. Angelika: „Keimlinge – ein neu entdecktes Lebensmittel", in UGB-Forum, Heft 4/1988, S. 179

Nöcker, Rose-Marie: „Sprossen und Keime", Heyne-Verlag, München, 1981

Nöcker, Rose-Marie: „Das große Buch der Sprossen und Keime", Heyne-Verlag, München, 1987

Sonne, Doktor: „Die Lebenskraft der Nahrungsmittel", Verlag Bruno Martin, Südergellersen

Thomas, Prof. Dr. Berthold: „Vollkorn bietet mehr", Diaita-Verlag, Bad Homburg, 1986

Wigmore, Ann: „You are your own healer", Eigenverlag, Boston

Suchregister nach Art der Speisen

Suppen

Pikante Saucen

Warme Gemüsebeilagen

Aufläufe

Desserts

Schleckereien

Abendmahlzeiten

Die Bücher des Schnitzer Verlags

Die Bücher des Schnitzer Verlags vermitteln Ihnen ein fundiertes Wissen über die natürlichen Gesundheitsgrundlagen, die Ursachen der chronischen Zivilisationskrankheiten und die Möglichkeiten zu deren Verhütung und Überwindung sowie über die praktische Anwendung einer urgesunden Ernährung. Es sind u. a. folgende Titel erhältlich:

Dr. J. G. Schnitzer
Das volle Leben
ISBN-Nr. 3-922 894-41-0,
100 Seiten

Dr. J. G. Schnitzer
Das Kursbuch der gesunden Ernährung
ISBN-Nr. 3-922 894-65-8
64 Seiten

Dr. J. G. Schnitzer/
M. Schnitzer
**Schnitzer-Intensivkost/
Schnitzer-Normalkost**
ISBN-Nr. 3-922 894-28-3,
mit 14-Tage-Menüplänen,
Berechnungsangaben und
100 Farbtafeln, 186 Seiten

Dr. J. G. Schnitzer
**Backen mit Vollkorn
für Hausfrauen und
Hobby-Bäcker**
ISBN-Nr. 3-922 894-25-9
12 Lektionen Wissensgrundlagen, 16 Brot- und Gebäckarten, 96 Seiten

Dr. J. G. Schnitzer
Nie mehr Zahnweh
ISBN-Nr. 3-922 894-46-1
446 Seiten, 71 Abbildungen

Dr. J. G. Schnitzer
**Biologische Heilbehandlung
der Zuckerkrankheit
und ihrer Spätfolgen**
ISBN-Nr. 3-922 894-33-X
184 Seiten

Dr. J. G. Schnitzer
**Gesundheit für unsere
Jugend**
ISBN-Nr. 3-922 894-10-0
292 Seiten

Prof. Dr. med. Lothar Wendt
**Gesund werden durch Abbau
von Eiweißüberschüssen**
ISBN-Nr. 3-922 894-51-8
301 Seiten, 42 Abbildungen,
13 Tabellen

Dr. med. Karl Stephan
**Heilung über Magen
und Darm**
ISBN-Nr. 3-922 894-38-0
144 Seiten

Werner Vogel/
Marlies Dorschner
Yoga mit Heilwirkungen
Programm mit 15 Lektionen
ISBN-Nr. 3-922 894-43-7
172 Seiten, 207 S/W-Fotos

Marlies Dorschner
Begleitkassette
„Yoga mit Heilwirkungen"
Übungskassette I
Art.-Nr. 3052
Übungskassette II
Art.-Nr. 3053
Je Kassette 9 Übungen und
Tiefenentspannung

Hildegard Hölzle
**Glücklicher leben mit
Vollwertkost**
ISBN-Nr. 3-922 894-26-7
Über 400 köstliche Rezepte aus
der gesunden Vollwertküche –
davon 50 Rezepte für Alleinstehende – 176 Seiten mit
vielen Farbfotos

Johanna Dopfer
Nina und der springende Punkt
Kinderbuch
ISBN-Nr. 3-922 894-48-8
32 Seiten

Ingeborg Zellmann
**Vollwertrezepte aus der
Mittelmeerküche
Italien – Griechenland**
ISBN-Nr. 3-922 894-53-4
160 Seiten

Franzis Graf-Sittler
**Vollwertige glutenfreie
Ernährung**
Rezepte für die ganze Familie
ISBN-Nr. 3-922 894-63-1